OHSAMA BUNKO

知れば知るほど面白い 日本の国宝

「国宝探究」倶楽部

三笠書房

はじめに　一万年以上も続く日本文化が育んだ〝類《たぐ》い稀《まれ》なる傑作〟の数々

「国宝」は文字通り、〝わが国の宝物〟と呼ぶにふさわしい、歴史的にも芸術的にも貴重な作品です。法の上でも明確に定義され、〝世界文化の見地からとくに価値の高いもの〟として「文化財保護法」という制度によって保護されています。

国宝保護の礎《いしずえ》は、フェノロサや岡倉天心《おかくらてんしん》、九鬼隆一《くきりゅういち》らを中心に築かれました。彼らは、時代を超え、人から人へと受け継がれてきた貴重な美術品たちを、海外流出や盗難、破壊、売却などさまざまな危険から守るために〝国の宝〟として保護を訴えたのです。彼らの存在なしには、今、私たちが国宝を目にすることは難しかったでしょう。

また国宝は、日本の文化や宗教観、美意識が結実した美術品であり、国宝たる理由があります。本書では1000件以上もの国宝のなかから、もっと知りたい、一度はこの目で見たいと思える逸品を厳選しています。本書によって興味をもたれた方は、実際に寺社や博物館へと足を運び、その圧倒的な迫力をぜひ生で味わっていただきたいです。本書が豊かな国宝鑑賞体験の一助となれば幸いです。

[目次]

《騎獅文殊菩薩及び脇侍像》
（→ P.14）

第2章 異種国宝対決

第3章 国宝が語るストーリー

不思議編

《菩薩半跏像》（→ P.91）

第4章 まだまだある!! 厳選国宝！

人物ゆかり編

その他

《琉球国王尚家関係資料》
（→P.171）

コラム

巻末付録

編集協力・本文デザイン　アッシュ

国宝の分類

さまざまな種類がある文化財だが、「国宝」はこのなかの「有形文化財」に含まれる。この有形文化財のうち、文化庁に指定された、とくに重要で価値の高いものが国宝である。

国宝は、大きく「建造物」と「美術工芸品」に分類されている。そして「美術工芸品」はさらに、「絵画」「彫刻」「工芸品」「考古資料」「書跡・典籍」「古文書」「歴史資料」の7つに細分化されている。

本書に掲載されている国宝も、文化庁が定めるこのルールに則し、下記のようなアイコンで見やすく分類している。

本書のアイコンの見方

書跡・典籍
経典、和歌集、漢詩文、史書など

古文書
文書、書状、日記、目録など

歴史資料
歴史上の重大事に関する資料

彫刻
神像、仏像、人物の肖像など

工芸品
染織、刀剣、茶碗、金工など

建造物
神社、寺院、城郭、住宅など

考古資料
土偶、銅鐸といった出土品など

絵画
壁画、仏画、絵巻、屏風絵など

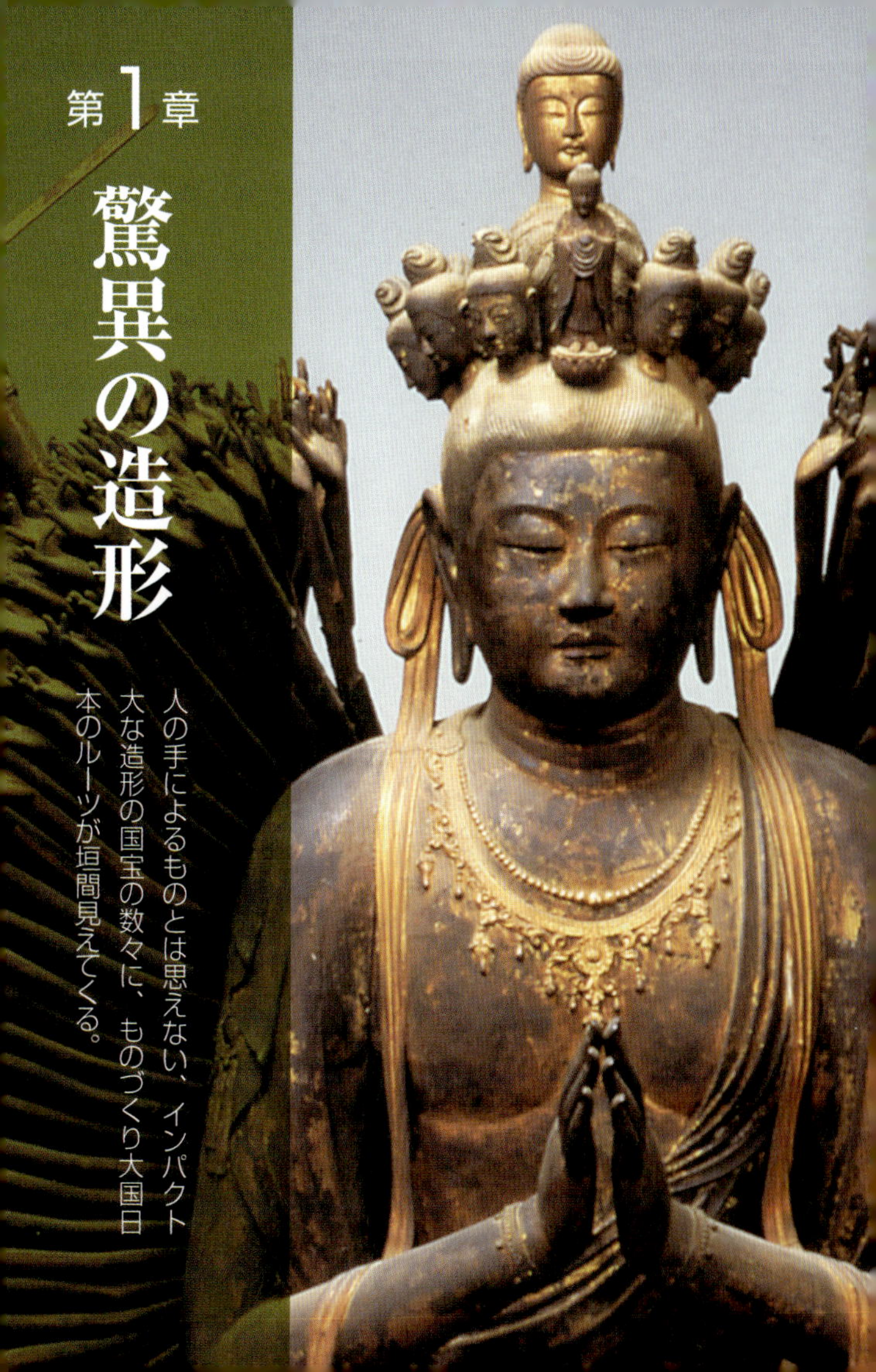

第1章 驚異の造形

人の手によるものとは思えない、インパクト大な造形の国宝の数々に、ものづくり大国日本のルーツが垣間見えてくる。

善財童子像

ほかの４躯は像高２メートル前後だが、善財童子像は“童子”ということもあり、約 130 センチとひときわ小柄で愛らしい。その所作やたたずまい、真っ直ぐな眼差しからは、高貴な気品が漂っている。

リアルな躍動感

彫刻

快慶の超大作！ 海を渡る5体の巨像

騎《き》獅《し》文殊《もんじゅ》菩薩《ぼさつ》及び脇《きょう》侍《じ》像《ぞう》〈渡《と》海《かい》文殊《もんじゅ》群《ぐん》像《ぞう》〉

Data

作者：快慶（最勝老人像のみ宗印）
形式：寄木造
制作年代：鎌倉時代・1203年（最勝老人像のみ1607年）
所蔵：奈良県・安倍文殊院
国宝指定：2013年

奈良県の安倍文殊院《あべもんじゅいん》は、大化の改新が始まった645年に建立《こんりゅう》された、歴史ある寺院。「三人寄れば文殊の知恵」ということわざがあるが、文殊とは知恵を司る仏・文殊菩薩のことで、安倍文殊院は日本三文殊のひとつ。そしてこの寺には、2013年に国宝に指定された、本尊・文殊菩薩《もんじゅぼさつ》、善財童子《ぜんざいどうじ》、優填王《うてんおう》、仏陀波利三蔵《ぶつだはりさんぞう》（須菩提《しゅぼだい》）、最勝老人《さいしょうろうじん》（維摩居士《ゆいまこじ》）からなる計5躯の仏像群《騎獅文殊菩薩《きしもんじゅぼさつ》及び脇侍像《きょうじぞう》》がある。

総高は意外に大きく、文殊菩薩像が獅子像（国宝ではない）にまたがった状態では、7メートルを超えるほど。この仏像群は〈渡海文殊群像《とかいもんじゅぐんぞう》〉と呼ばれ、海を渡り中国の霊山・五台山《ごだいさん》をめざす姿が、写実的な造形で生き生きと表現されている。最勝老人像以外は、仏師・快慶《かいけい》の造立《ぞうりゅう》で、とくに善財童子は、風を受ける衣や、踏み足のリアルな所作、振り返る表情など、繊細な一瞬の動作が見事に凝縮されている。

これほど由緒ある寺の秀逸な像だが、国宝指定が遅かったのはなぜか？ それは、巨大すぎるあまり、近年まで本堂の外に持ち出せず調査不可能だったことにある。しかし、09年に専門家の出張調査を受けると事態は一転。文殊菩薩像内部に制作年の銘《めい》が発見され、最勝老人像は、豊臣秀吉のお抱え仏師・宗印《そういん》が再制作した像であることなどが判明。これら新事実が後押しとなり、無事国宝に格上げとなったのである。

一堂に会した国宝《騎獅文殊菩薩及び脇侍像》

左から最勝老人像（維摩居士像)、仏陀波利三蔵像（須菩提像)、獅子に乗る文殊菩薩像、善財童子像、優填王像と並んでいる。なお、文殊菩薩が乗る獅子像のみは桃山時代の作で、国宝にはなっていない。

太古の美意識

用途は儀式？　謎に満ちた古代の超造形

土偶《どぐう》〈縄文《じょうもん》のビーナス、仮面《かめん》の女神《めがみ》〉

Data

制作年代：《縄文のビーナス》縄文時代・紀元前3000～前2000年、《仮面の女神》縄文時代・紀元前2000～前1000年
所蔵：長野県・茅野市、尖石縄文考古館保管

貴重な考古資料としての価値をもつ土偶《どぐう》だが、国宝として指定されている土偶は全部で5体。そのどれもが違うポーズをとっており、オリジナリティ豊か。出土地域も北は北海道から南は兵庫県まで、各地に広がっているのも特徴だ。

なかでも、長野県から出土した《土偶〈縄文《じょうもん》のビーナス〉》と《土偶〈仮面《かめん》の女神《めがみ》〉》というふたつの土偶は、太古の女性像を投影し、突出した造形美を見せている。

〈縄文のビーナス〉は、1986年に長野県の棚畑《たなばたけ》遺跡《いせき》から出土した土偶。高さは27センチ、重量は2キロ程度。妊娠中の女性のように大きく張り出したお腹とお尻や、丸みを帯びた造形が「ビーナス」たる所以《ゆえん》だ。頭部には円形の渦巻き文様の帽子を被っているとも言われ、切れ長の目と尖った鼻、おちょぼ口と、顔はやわらかな表情だ。

一方の〈仮面の女神〉は、2000年に長野県の中ツ原《なかっぱら》古墳から発掘。縄文のビーナスの発見場所から10キロも離れていない場所から出土した。高さは全長34センチ、重量は2・7キロと縄文のビーナスよりもひと回り大きく、下半身に重心のある女性らしい形態で手を大きく広げている。見どころはなんといっても逆三角形の顔で、明らかに仮面を被り、儀式に用いられたことを想像させる。さらに表面には、衣裳を思わせる同心円やたすきの文様が丁寧に描かれ、縄文のビーナスとは異なり全体的にスタイリッシュな印象を受ける。

土偶〈仮面の女神〉が出土したときのようす
右足が壊れた状態で出土したが、割れた破片の状態から、わざと足を取り外した可能性もあるという。

通常、こうした土偶は儀式で使用された後に破壊されるため、その多くは原形を留めずに発見されることが多い。しかし、長野県のこれらふたつの土偶は完存のまま、破壊されるどころか丁寧に埋められた痕跡まで残っていたという。こうした点も含めて、当時の生活や文化を示す考古資料として、日本国外からも今後の研究成果に注目が集まっている。

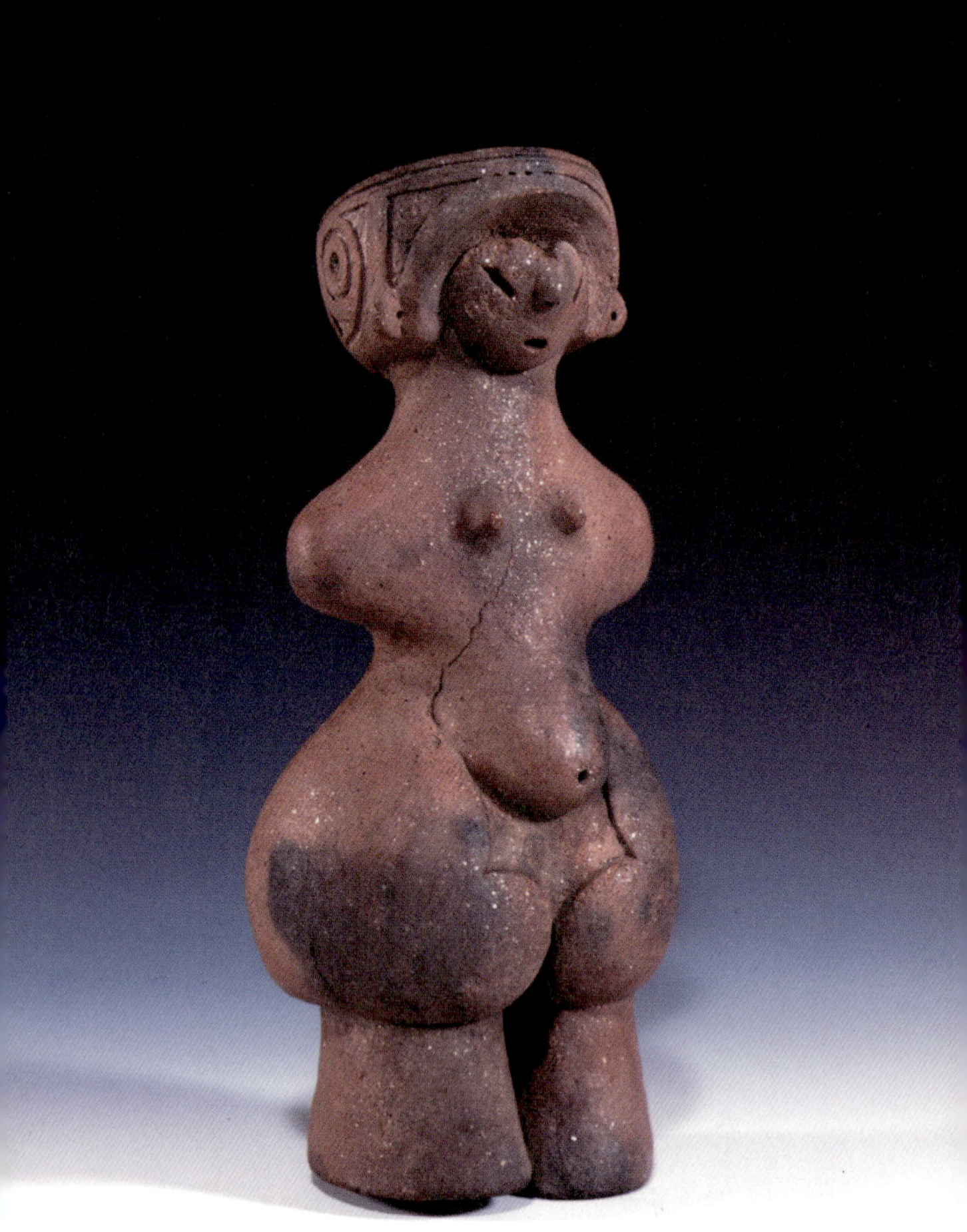

縄文のビーナス
粘土を焼いてつくられたとされる。粘土に雲母が混じり、表面がよく磨かれているため金色の光沢をたたえている。縄文のビーナスは、縄文時代の遺跡から見つかったものとしては初めて国宝に指定されたものである。

仮面の女神

2014 年に国宝に指定された仮面の女神。この土偶に似た形のものは、長野県の新町遺跡や山梨県の後田遺跡でも出土している。しかし、どちらも 20 センチほどの大きさで、それを考えると 34 センチのこの土偶が、いかに大きいものであるかがよくわかる。

巧みな構図と
精緻な描写

絵画

異様なポージングにあらわれる時代背景！

風俗図《ふうぞくず》〈彦根屏風《ひこねびょうぶ》〉

代々彦根藩主《ひこねはんしゅ》であった井伊家《いいけ》に伝来したことから、通称〈彦根屏風《ひこねびょうぶ》〉とも呼ばれている豪奢《ごうしゃ》な《風俗図《ふうぞくず》》。この屏風が描かれたのは、江戸時代の寛永年間《かんえいねんかん》（1624～44年）と考えられており、作品名どおり当時の風俗が描かれ、金地を背景に15人の男女と1匹の犬が緊密なバランスで配されている。

京の遊里《ゆうり》・六条《ろくじょう》三筋町《みすじまち》を舞台としているというのが定説で、画中の人物たちは左から、山水屏風の前で三味線を奏でる男女、双六《すごろく》を楽しむ者、手紙や巻物を読んでいる（書いて

Data

形式：紙本金地著色・六曲一隻
制作年代：江戸時代・17世紀
所蔵：滋賀県・彦根城博物館
国宝指定：1955年

風俗図〈彦根屏風〉

いる？）男女、右には洋犬と遊ぶ女、話し込む男女と若い娘……と、各人が思い思いに遊ぶようすが見てとれる。

パッと見たとき、まず目に飛び込んでくるのは、画面右手の刀にもたれかかる不思議なポーズの男で、これは当時の「かぶき者」と呼ばれる若者。かぶき者とは徳川幕府に反発し、帯刀《たいとう》して乱暴狼藉《らんぼうろうぜき》をはたらいた、派手な異装の若者たちのことで、現在で言うところの「ヤンキー」のような存在にあたる。しかし、ヤンキー然とした荒ぶった迫力は屏風の男からは感じられず、ヘラヘラと気だるそうな雰囲気で立っている。

さて、あらためて屏風に目を移し詳細に見てみると、きわめて手の込んだ造形に驚く。

右から4番目の女性は、足もとの洋犬の方を振り返る仕草が見事に表現されている（P.26①）。その洋犬は飼い主に振り向き、尻尾がくるりと絶妙なカーブを描いている。ほかにも、ひじ掛けにもたれかかる女性や、双六を見る女性の垂れる髪や生え際までが執拗《しつよう》に描写され、彼女らのポーズもあいまってなまめかしさすら感じさせる（P.26②）。現に、こうした筆致や遊女たちのようすから、美人画の源流とも言われる。

また、いずれの人物も履物《はきもの》がなく、じつはみな室内にいることがわかる。人びとの表情をよく見れば、奔放に明るい笑顔はなくどこか虚ろで、倦怠感《けんたいかん》と閉塞感《へいそくかん》が漂う。

ポーズと表情に秘められた時代の表現

というのも、じつはこの絵が制作された寛永年間は、幕府の支配体制が強化された時期で、遊里にも厳しい統制がおよんでいた。かぶき者だけでなく、人びとにもあきらめムードがまん延《えん》していた。この全面金箔《きんぱく》の華やかな画面に対しての陰影の濃い人間心理の描写というコントラストが、作品に深みを与えているというわけだ。当時の空気感までを描いたこの作品は、まさに風俗図の傑作と呼ぶにふさわしい。

この屏風の気になる作者だが、深い人間心理を読み取れるほどの表情の筆致や、画中画の水墨山水画（P.27③）を絶妙に描きこなす手腕から、狩野《かのう》派の絵師である狩野山楽《さんらく》や狩野興以《こうい》ではないかと予想されているものの、いまだ推測の域は出ていない。

国宝・彦根城と同じ敷地内に所蔵

現在この絵は、彦根城博物館に所蔵されており、毎年1回、1カ月程度公開され、人びとの目を楽しませている。同敷地内にある《彦根城》もまた、天守《てんしゅ》、附櫓《つけやぐら》及び多聞櫓《たもんやぐら》の2棟が国宝に指定されており、多くの大老を輩出した譜代大名・井伊一族の居城であった。

彦根屏風の井伊家への伝来は、幕末の大老・井伊直弼《なおすけ》の頃か、その先代・井伊直亮《なおあき》のころとされている。

建造物

彦根城《ひこねじょう》（天守《てんしゅ》、附櫓《つけやぐら》及び多聞櫓《たもんやぐら》）

制作年代：安土桃山時代・1606年
所蔵：滋賀県・彦根市
国宝指定：1952年

最上層に金の花文様の華頭窓があしらわれた彦根城の天守。天守は長方形で、垂直に近い角度で積まれた天守台に建ち、破風の変化に富んだ屋根が特徴的だ。

右手の男女の特徴的なポーズは、シンメトリーに描かれ、屏風を立てるとふたりの動きはさらに強調される。

双六を楽しげに見るふたりの女性は、恥じらっているのか手を首や口もとに置き、遊女の艶っぽさを感じさせ、美人画のルーツとなったこともうなずける。男性の表面的でニヒリスティックな笑顔も、寛永という時代を思わせる表情だ。

全体図

画面左側の男女は、中国知識人のたしなみである「琴棋書画（きんきしょが）」を当世風に見立て、琴を三味線に、棋（囲碁）を双六に、書を手紙に、画を屏風に置きかえたと考えられる。また画中の水墨山水画は、室町期の作品に匹敵するほどハイレベルなもの。

衝撃の
立体感

彫刻

千《せん》手《じゅ》観《かん》音《のん》坐《ざ》像《ぞう》

手の総数は異例の1041本！　日本最古の千手観音像

Data

形式：脱活乾漆造
制作年代：奈良時代・8世紀前半
所蔵：大阪府・葛井寺
国宝指定：1952年

脇手のなかで小脇手と呼ばれる1001本の可動式の手には、手の平に墨で眼が描かれている。残りの38本の大脇手は、宝経（ほうきよう）、数珠（じゆず）、錫杖（しやくじよう）、宝剣（ほうけん）といった人びとの多様な悩みに対応した持物（じもつ）を持つ。

千手観音坐像

千手観音像《せんじゅかんのんぞう》は数多く残るが、日本最古の千手観音像は、大阪府・葛井寺《ふじいでら》の《千手《せんじゅ》観音坐像《かんのんざぞう》》だとされる。この像の合掌する本体は乾漆造《かんしつづくり》で、内部は中空になっている。

驚くべきは、像の背面から立体的に伸びる脇手《わきて》の数で、空前絶後の1039本。本体の手を合わせれば1041本にもなる。右の519本の脇手と左の520本の脇手は、それぞれ本体から独立して左右1本ずつの角材で支えられ、本体を包み込むようにして配されている。見るも複雑な造形は、まるで密集して開花した植物や、翼を大きく広げたクジャクを思わせるものだ。ちなみに、この超立体的造形は、千手観音像を説く唐の経典にもとづき、忠実に再現したものだと言われている。

ところで、奈良時代直前の天平時代《てんぴょうじだい》は、律令国家として非常に財力が豊かな時代。仏像制作を国家事業として展開し、乾漆造がめざましく発達した時代だった。奈良時代前期に造られたこの千手観音像も、ご多分に漏れず恩恵を授かった1躯《く》。それを示すのが像最大の特徴である「千手」だ。まさに字義どおりの「千手」という脇手の多さは、じつはほかの像と比べても異例中の異例。千手観音像では、妙法院・三十三間堂の千手観音坐像のように42手というのが通例で、唐招提寺《とうしょうだいじ》の像のように953手と多いものもあるが、それでもこの葛井寺の千手観音像にはかなわないのである。

第2章

異種国宝対決

狩野派vs.琳派、最大の国宝、最小の国宝は？比べてみると、それまで見えなかった国宝の新たな一面が見えてくる！

右隻

今なお色あせない　日本絵画を極めた2大流派の美の世界

豪華絢爛《ごうかけんらん》!! 狩野派《かのうは》VS.琳派《りんぱ》!

幕府の御用絵師《ごようえし》を務めてきた由緒ある血縁で結ばれ、伝統を重んじた狩野派。町人ならではのセンスを活かし、その革新的かつ高いデザイン性を独自に継承していった琳派。

日本を代表する2大流派は、互いに絢爛《けんらん》豪華《ごうか》な屏風絵が国宝ということもあり、比較されることも多い。

しかし同じ金屏風でも、狩野派ではテーマを引き立て、権力者の威光を示すべく金がちりばめられる。その一方で琳派は、高いデザイン性によるシンプルな構図と、背景の贅《ぜい》沢《たく》な金地がテーマを強調する。

　ここでは、日本絵画史の頂点に君臨する、ゴージャスな国宝絵画を余すところなく紹介していこう。

琳派　絵画

燕子花《かきつばた》図《ず》

作者：尾形光琳
形式：紙本金地著色、六曲一双
制作年代：江戸時代・18 世紀
所蔵：東京都・根津美術館
国宝指定：1951 年

『伊勢物語』で主人公が旅の途中、川のほとりに咲く燕子花（かきつばた）を見て、都に残した妻を思い歌を詠んだ「八橋」という場面をテーマとし、金地をバックに燕子花のみを描いた屏風。光琳はこの題材を好み、国宝《八橋蒔絵螺鈿硯箱（やつはしまきえらでんすずりばこ）》などにも燕子花を多用している。

織田信長が上杉謙信に贈り、米沢藩上杉家に伝来した。同名の屏風は、現在80点ほど現存するが、臨場感あふれるこの作品がもっとも有名。もともとの注文主は将軍・足利義輝という説が有力。京の西側を描いた左隻（させき）は秋と冬、東側を描いた右隻（うせき）は春と夏の行事や人びとが細密に描かれ、当時の風俗を伝える資料的価値もある。

左隻

狩野派 絵画

洛中洛外《らくちゅうらくがい》図《ず》

作者：狩野永徳
形式：紙本金地著色、六曲一双
制作年代：桃山時代・1573～1574年
所蔵：山形県・米沢市上杉博物館
国宝指定：1995年

右隻

琳派 絵画

風神雷神《ふうじんらいじん》図《ず》

作者：俵屋宗達
形式：紙本金地著色、二曲一双
制作年代：江戸時代・17 世紀
所蔵：京都府・建仁寺
国宝指定：1952 年

二曲の屏風をふたつ合わせた「二曲一双（にきょくいっそう）」という、上が詰まった正方形に近い画面を用い、風神雷神が屏風の外からこちらに迫ってくるような緊張感をも描き出した。宗達に私淑していた尾形光琳や酒井抱一（さかいほういつ）は、この作品の模写を行い、宗達の作風を学んだ。

《燕子花図《かきつばたず》》（P.32）と《風神雷神図《ふうじんらいじんず》》（P.36）は琳派、《洛中洛外図《らくちゅうらくがいず》》（P.34）は狩野派の屛風だ。燕子花図は、満開に咲き誇る燕子花《かきつばた》を描いた尾形光琳《おがたこうりん》の代表作。右隻では花の位置を高く、左隻では極端に低く描いている。『伊勢物語』を題材としながら物語は一切描かず、王朝の優雅さを感じさせる手腕は驚くべきものだ。

洛中洛外図は、狩野永徳《かのうえいとく》が20代の頃の作品とされる。雲の合間から見えるのは、武家屋敷や寺社などの京の名所のほか、山鉾巡行《やまほこじゅんこう》などの年中行事や風俗といった230以上のモチーフと、約2千人以上の老若男女が生き生きと描かれている。また、描かれる金雲《きんうん》は豪奢《ごうしゃ》さの演出だけでなく、絵の遠近感を補正する役割も持ち、これは絵巻の伝統的な技法を応用したものだとされる。鑑賞の際は、向かい合わせに左右の2隻を配置し、中央に鑑賞者が座ることで京のパノラマを楽しんだとされている。

俵屋宗達《たわらやそうたつ》の代表傑作・風神雷神図は、右隻には右から画面の中に駆け込んできたかのような風神が、左隻には太鼓を叩き降りてくる雷神が描かれる。下地が乾く前に上塗り絵の具を用いる「たらしこみ」という技法が用いられている。これにより空の浮雲を表現し、浮遊感を生み出した。また、中央に大胆な余白をつくることで、見る人のイメージをかきたてる大傑作だ。

狩野派・琳派とは何か？

血縁で受け継がれる幕府の御用絵師集団

狩野派は幕府の御用絵師として、室町から幕末まで約400年続いた由緒ある絵師集団。始祖の狩野正信《かのうまさのぶ》から続く宗家《そうけ》を中心に、血縁関係でかたく結ばれていた。代表的な絵師には、正信の嫡男《ちゃくなん》・元信《もとのぶ》、その孫の永徳、永徳の孫で障壁画制作で手腕を振るった探幽《たんゆう》などがいる。宗家から順に家の格式が決まり、その順位によって描く担当も定められたという。

門下の絵師たちは、代々受け継がれた手本に忠実に描くことが求められた。江戸時代には、内裏《だいり》や城の障壁画といった、幕府からの膨大な量の注文をこなすために、集団で作業を行った。それゆえに、狩野派の絵師たちは個性をあまり主張しない作風となっていったとされる。

こうして何よりも伝統を重んじ、贅《ぜい》を尽くして描かれた作品の多くは、今も国宝となって数多く残っているが、狩野派自体は江戸幕府崩壊とともにパトロンを失い、なくなってしまった。

◎狩野派の作家と代表な作品

・狩野永徳『檜図』1590年、四曲一双、東京国立博物館蔵（国宝）
・狩野秀頼『観楓図』16世紀中、六曲一隻、東京国立博物館蔵（国宝）
・狩野長信『花下遊楽図』17世紀初、六曲一双、東京国立博物館蔵（国宝）
・久隅守景『納涼図』17世紀末、二曲一隻、東京国立博物館蔵（国宝）

権力から距離を置くハイセンスなフリー絵師たち

琳派の始まりは本阿弥光悦《ほんあみこうえつ》と俵屋宗達とされるが、以降に続く尾形光琳や、酒井抱一《さかいほういつ》なども血縁関係は一切ない。そればかりか宗達（17世紀前半）、光琳（1658～1716年）、抱一（1761～1829年）の3人は、生存期間も重なっていない。共通するのは、みな望んで特定のパトロン（権力者）のいない職業絵師となったということ。さらには、光琳が時代の異なる宗達を模範として作品を模写したように、先人の作品から作風を学んだということ。こうして、やまと絵の伝統を基盤にしつつ、装飾性に富んだ大胆な構図とデザイン性を独自に発展させていったのである。

彼らのおもな顧客は、大名などではなく、富裕な商人など。それゆえ、伝統にとらわれることなく、自由に描くことができたのだ。さらにその作品は絵画のみならず、染色や工芸品などのデザインにも転用されていった。

なお「琳派」という呼び名は、はじめからついていたわけではなく、20世紀に入ってから、桃山時代から近代まで続いた同じ画風の絵師をまとめて、光琳の「琳」の字からつけられた。

◎琳派の作家と代表的な作品

・俵屋宗達『源氏物語関屋澪標図』1631年、六曲一双、静嘉堂文庫蔵（国宝）
・尾形光琳『紅白梅図』18世紀、二曲一双、MOA美術館蔵（国宝）
・酒井抱一『秋草鶉図』19世紀、六曲一双、山種美術館蔵
・鈴木其一『群鶴図』19世紀、二曲一双、エツコ＆ジョー・プライスコレクション

狩野派　絵画

周《しゅう》茂《も》叔《しゅく》愛《あい》蓮《れん》図《ず》

作者：狩野正信
形式：紙本墨画淡彩
制作年代：室町時代・15世紀
所蔵：福岡県・九州国立博物館
国宝指定：1953年

狩野派の祖で、室町幕府8代将軍・足利義政の御用絵師だった狩野正信の代表作。小舟に乗り、湖の蓮を愛でる中国の北宋時代の儒学者・周茂叔（しゅうもしゅく）を描いている。正信は、当時日本に伝わった中国の水墨画のさまざまな様式を、注文に応じて描き分け、それらの日本化にも大きく貢献した。これは、足利家に伝わった南宋時代の中国の絵画を手本にしたとされる。

建造物

日本産業近代化の息吹を感じる
旧富岡製糸場《きゅうとみおかせいしじょう》（繰糸所《そうしじょ》、東置繭所《ひがしおきまゆじょ》、西置繭所《にしおきまゆじょ》）

最新

Data

制作年代：明治時代・1872年
所蔵：群馬県・富岡市
国宝指定：2014年

《旧富岡製糸場《きゅうとみおかせいしじょう》》は、国宝のなかでも希少な近代のものだ。この建物は、明治政府が日本の近代化を推進する模範工場として1872年に建てたもので、2014年には「富岡製糸場と絹産業遺産群」として、世界遺産にも登録されている。

少しさかのぼり江戸末期、鎖国政策が緩和されつつあった日本は、最大の輸出品が生糸《きいと》だった。同時期フランスでは、カイコに伝染病が流行し、製糸業が壊滅状態。そのためフランスは、生糸と病気に強いカイコを求め、日本に輸出の協力を持ちかける。こうした協力もあり、生糸の輸出が増やせた日本だが、明治に入ると粗製濫造《そせいらんぞう》により輸出生糸の評判は大下落。この事態を打破すべく、再度フランスに協力を依頼し、政府主導で、技術者のレベルを底上げするために建てられたのが富岡製糸場であった。

建物の設計は、横須賀製鉄所も手がけたオーギュスト・バスティアン、工場員の指導などはポール・ブリュナと、フランスのお雇い外国人ふたりが担当した。

建物の壁面は、木の骨組みにレンガを積んだもの。レンガの長手と小口が交互に並ぶフランスの工法「フランス積み」でレンガを積んだことにより、建物全体に流麗さがもたらされている。

屋根は日本の伝統的な瓦が使用されている。またレンガは、フランス人技術者が日本の瓦職人に製造法を伝授し、瓦とともに焼いたものを使用。工場内の設備に関しても、もちろん当時最新の洋式繰糸器械が設置されている。

このように日本の伝統を活かしながら、当時の西洋の新材料を取り入れ、異文化を融和させたこの工場は、激動の明治期の様相を体現した国宝なのである。

東置繭所（ひがしおきまゆじょ）の外観。左は富岡製糸場の創設年を示す東置繭所の通路上部の記念碑。

当時の富岡製糸場の風景を伝える錦絵
明治政府は日本の近代化を推進し、富国強兵・殖産興業を重点施策としていた。なかでも生糸は主要輸出品目として、輸出総額の70～80%以上を占めた時期もあったという。

明治政府が造った官営工場で、ほぼ完全に残っているのは富岡製糸場のみ。フランス人直伝の「フランス積み」による洗練された外壁が、当時過渡期にあった日本の雰囲気を今に伝えている。

カイコの繭を生糸にする繰糸所（そうしじょ）には繰糸器が置かれ、全国から集まった工女たちの手によって器械製糸が行われた。外国人指導者は1876年には去り、その後は日本人だけで操業された。

繰糸所（外観）

繰糸所（内観）

考古資料

芸術家・岡本太郎を燃え上がらせた

新潟県《にいがたけん》笹山《ささやま》遺跡《いせき》出土《しゅつど》深鉢形《ふかばちがた》土器《どき》〈火焔型《かえんがた》土器《どき》〉

最古

Data

制作年代：縄文時代・紀元前3500～前2500年

所蔵：新潟県・十日町市博物館

国宝指定：1999年

国宝指定番号1の火焔型土器

この指定番号1の火焔型土器は「縄文雪炎（じょうもんゆきほむら）」の愛称ももつ。立体的な炎の造形は、竹や葦を工具として描かれたもの。美的価値のみならず、太古の社会を解明する資料としても重要視されている。

もっとも制作年代が古い国宝は《新潟県《にいがたけん》笹山《ささやま》遺跡《いせき》出土《しゅつど》深鉢形土器《ふかばちがたどき》》だ。この国宝は、新潟県十日町市の笹山遺跡から1985年までに発掘されたもので、奇跡的にもその原始的な造形をほぼ完全に留めた状態で一括出土した。99年には、有名な〈火《か》焔型土器《えんがたどき》〉を中心に、波状の優美な模様のある〈王冠型土器《おうかんがたどき》〉など、計57点の土器が国宝指定を受けている。これらの具体的な制作年は不明だが、発掘時の遺跡の状況から、縄文時代中期に制作され、祭事や儀式に使われていたと考えられている。

これらの土器は、今から約5千年も前のものとは思えないデザイン性も持ち合わせていることから、しばしば日本の〝美〟の源流としても位置づけられる。とくに火焔型土器は、炎が燃え盛っているかのような形状や、緻密で華麗な文様からこの愛称がつけられ、日本美術史が語られる際、取りあげられることの多い美術品だ。

なお、こうした土器への評価は、現在では当然のように語られるが、じつはこの太古の遺品に美的価値を見出したのは、芸術家・岡本太郎であった。彼は、初めて火焔型土器を見た際の衝撃を、美術誌『みづゑ』に「縄文土器論」として発表している。その文中で太郎は、「この圧倒的なすごみは、日本人の祖先が誇った美意識だ」と大絶賛。考古資料に対する、人びとの美的見解に大きな影響を与えたのである。

最大 vs. 最小

身の丈約15メートル！ 奈良のシンボル

彫刻

盧舎那仏坐像《るしゃなぶつざぞう》

最大

Data

形式：銅造
制作年代：天平時代・752年
所蔵：奈良県・東大寺
国宝指定：1958年

建物を除く国宝のなかで、最大のものは何か？ 答えは「奈良の大仏様」だ。全長約15メートルにもなる奈良県・東大寺の本尊で、正式には《盧舎那仏坐像《るしゃなぶつざぞう》》と呼ぶ。

聖武天皇《しょうむてんのう》の命により745年に制作が開始、752年に巨大仏の全貌が公開され、開眼供養会《かいげんくようえ》（仏像に魂を入れる仏教儀式）が執《と》り行われている。像の造立は「日本仏教の高度な水準を海外に誇示する」ことが目的で、開眼供養も盛大なものだったと伝えられている。当時としては異例の国際的な儀式で、インドや中国（唐）からも高僧を招いたとされる。大仏建立は、辺境の地・日本も成熟した仏教文化をもつことをアピールする国の威信をかけた国家戦略であったというわけである。

創建時、海外へのアピールが成功したか否かは不明だが、近年の研究発表では、像造に関わる経済波及効果は1兆2246億円以上との試算もある。合わせて、今なお国民的人気を得ていることを考えれば、この一大事業も大成功と言えるだろう。

盧舎那仏坐像

何度かの戦火により大破と大規模な修理を繰り返し、今の姿となったのは 1692 年のこと。創建当時のまま残っているのは、右脇～腹部、ひざ頭の一部と、台座後方の蓮肉・蓮弁の部分とされる。

一辺約 2.3 センチの金印。底の印面には漢委奴國王（かんのわのなのこくおう）とある。

最大 vs. 最小

考古資料

金印《きんいん》

2・3センチの極小国宝！　弥生時代の外交の証!?

最小

Data
制作年代：弥生時代
所蔵：福岡県・福岡市博物館
国宝指定：1954年

一方で最小の国宝は、福岡県の志賀《しかの》島《しま》から出土した《金印》だ。中国の歴史書『後漢書《ごかんじょ》』に、漢の光武帝から倭奴《わのな》国王《こくおう》への贈答の記述があり、金印がこの贈答品だと考えられている。

発見は1784年のことで、志賀島の農民、喜平と秀治が偶然掘り出し、福岡藩主黒田家に伝わったとされている。しかし、発見状況にはあいまいな点も多く、江戸時代以降は偽造説も噂されているが、真相は明らかになっていない。

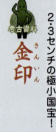

豪華 VS. 質素

建造物

庶民によって建てられた装飾建築の頂点

歓喜院《かんぎいん》（聖天堂《しょうでんどう》）

豪華

Data
制作年代：江戸時代・奥殿1744年、中殿1760年、拝殿1756年
所蔵：埼玉県・歓喜院
国宝指定：2012年

日光東照宮の影響を色濃く受け、「埼玉日光」の異名をもつ《歓喜院《かんぎいん》（聖天堂《しょうでんどう》）》。その豪華な装飾は、近世装飾建築の頂点とも称されている。この国宝建築物は、埼玉県熊谷市に所在し、2012年に国宝に指定された。

建立は12世紀後半とされるが、火災などにより幾度か再建されている。現在のように、奥殿と拝殿の2棟を結んだ「権現造《ごんげんづくり》」の様式で完成したのは、1760年のこと。その莫大な再建費用は幕府や大名ではなく、妻沼《めぬま》周辺の庶民たちが負担したというから驚きだ。再建の中心人物は、大工棟梁の林正清《はやしまさきよ》で、日光東照宮の建立に携わった職人たちを集めた。その後、正清は完成を見ずに亡くなるが、息子・正信が事業を引き継ぎ完成させた。堂の各所には、「鳳凰《ほうおう》」や、孔子・釈迦・老子を彫った「三聖《さんせい》吸酸《きゅうさん》」など、技術の粋を尽くした彫刻がほどこされている。聖天堂の文化的価値は、まさにこうした彫刻などの高度な技術を駆使した美麗な装飾にある。

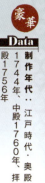

歓喜院（聖天堂）
2003年から7年がかりで修繕され、宝暦年間の再建時のきらびやかな装飾がよみがえった。後期江戸装飾建築の頂点と呼ばれるにふさわしい美しさは、訪れる人々を圧倒する。

建造物

円《えん》覚《がく》寺《じ》舎《しゃ》利《り》殿《でん》

元寇の戦没者追悼のために建立された禅文化の精髄

質素

Data

制作年代：室町時代・1393〜1466年
所蔵：神奈川県・円覚寺
国宝指定：1951年

国宝だからといって、派手なものばかりではない。《円覚寺舎利殿《えんがくじしゃりでん》》のように、過度な装飾をおさえた、非常に質素なたたずまいをもつ国宝もある。

円覚寺は1282年、元寇《げんこう》の戦没者追悼《ついとう》のために北条時宗の命で創建された寺院だ。円覚寺に舎利殿が初めて建てられたのは1285年のことで、北条貞時《さだとき》によるもの。しかしこれは1563年に焼失したため、その跡地に、かつて鎌倉に存在した太平寺《たいへいじ》の仏殿《ぶつでん》を移築。これが、現在国宝になっている《円覚寺舎利殿》だ。

過度な彩色や装飾をおさえた禅宗様式の代表格で、屋根の勾配や軒の反りが気品ある美しさを与えている。内部は、天井の放射状に並べられた垂木《たるき》（垂直方向の屋根の木組み）が、不思議な広がりを感じさせる空間をつくりだしている。さらに背景に控える鎌倉の山々の緑や気候も、舎利殿の落ち着きのあるたたずまいにひと役買っている。ちなみに境内にはほかに、鎌倉最大の国宝銅鐘《どうしょう》、《梵鐘《ぼんしょう》》も所蔵している。

円覚寺舎利殿

急な勾配をもつ屋根や放射状に並べられた垂木（たるき）といった禅宗様式の特徴を有する舎利殿。深い緑の中に建つ円覚寺の立地とあいまって、厳かでありながら素朴で、あかぬけた雰囲気をもっている。

工芸品

梵鐘《ぼんしょう》

制作年代：鎌倉時代・1301年
所蔵：神奈川県・円覚寺
国宝指定：1953年

円覚寺の梵鐘は、建長寺、常楽寺とともに鎌倉の三名鐘と呼ばれる。1301年、北条家の繁栄を願った北条貞時の命を受け、物部国光（もののべくにみつ）が鋳造（ちゅうぞう）した。国光は鎌倉時代を代表する鋳物師（いものし）で、円覚寺の梵鐘は国光最大の巨鐘であると同時に鎌倉最大の銅鐘である。

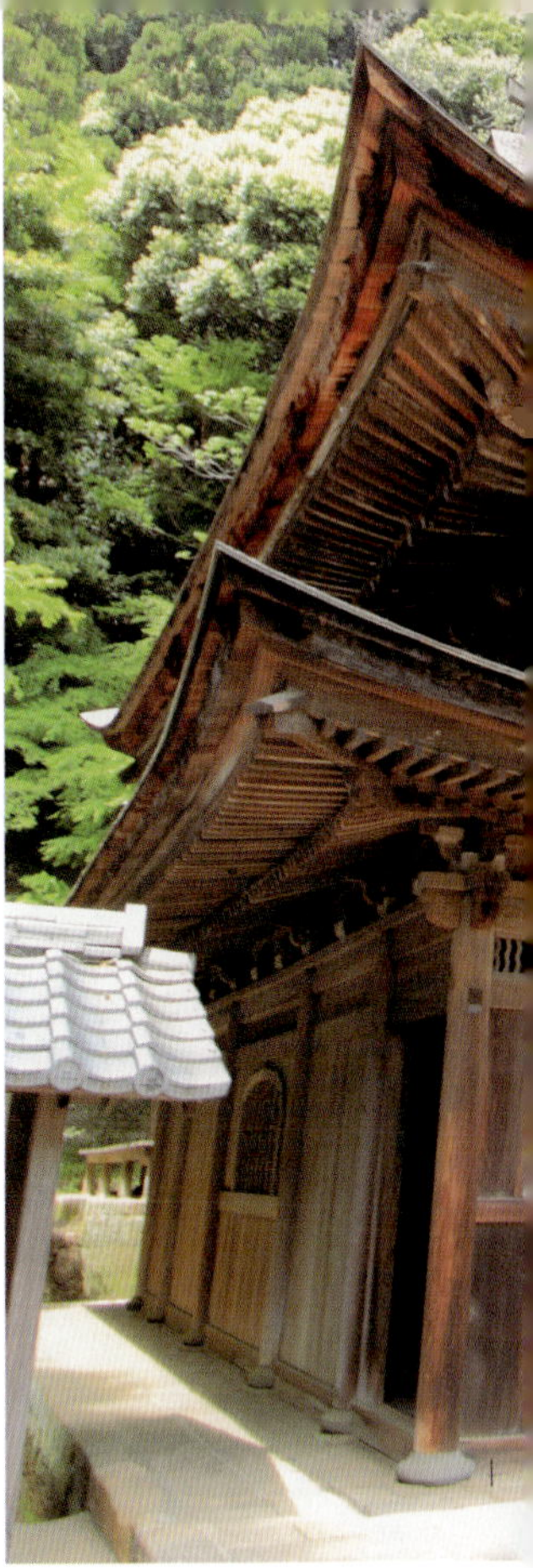

失われた国宝

新たな指定により、年々件数を増す国宝。しかし過去には、残念なことに失われたものもある。その理由は種々あるが、とくに多いのが焼失《しょうしつ》である。

1610年2月に起工された名古屋城が、B29の空爆によって焼失したのは1945年のこと。戦火を避けるため、金の鯱《しゃちほこ》を降ろす作業の最中であった。そのため城の周囲に足場が組まれ、窓は開けはなたれていた。不運なことにその窓から焼夷弾《しょういだん》が入り炎上。天守閣のほか、城内の障壁画114面が焼けた。

このほかにも広島城や岡山城、首里城《しゅりじょう》

第二次世界大戦時、空襲によって大部分が焼失した名古屋城だが、現在は外観が復元されている。

など、多くの国宝指定の城が第二次世界大戦の空襲によって焼け落ちている。

奈良県の法隆寺金堂では、1949年1月26日に起こった火事により、12面の壁画が焼損した。1300年の歴史をもつ、日本最古の絵画とされる作品であった。火事が起こったのは、「法隆寺昭和大修理」の最中。失火説、放火説ともにあるが、真相は明らかになっていない。現在、外陣壁画《げじんへきが》にはめこまれているのは模写である。また、この火災が契機となり、翌1950年、文化財保護法が制定されることとなった。

戦争、震災、放火……焼失した国宝の数々

同じく火災によって焼失した国宝に京都府の鹿苑寺《ろくおんじ》・金閣があるが、こちらは放火だ。1950年7月2日のことだった。建物の一層に安置されていた国宝《足利義満像《あしかがよしみつぞう》》の前あたりから出火し、金閣は骨組みのみを残して全焼。犯人が同寺の修行僧だったこともあり、この事件は日本中で大々的に報じられたほか、三島由紀夫《みしまゆきお》の代表小説『金閣寺』のモデルにもなった。

現在の金閣は、事件から5年後に再建されたものである。ただし建物が全焼すると国宝指定は取り消されるため、今ある金閣は国宝ではない。

1923年9月1日に発生した関東大震災による火災では、狩野長信《かのうながのぶ》の《花下遊楽図《かかゆうらくず》》の一部が焼けた。八重桜の下で花見の宴が開催されているようすを描いた風俗画で、六曲一双《ろっきょくいっそう》の右隻《うせき》のうち、真んなかの2扇が失われてしまった。

同様に火事で作品の一部が失われたのが、長谷川等伯《はせがわとうはく》による《智積院障壁画《ちしゃくいんしょうへきが》》だ。1947年5月17日に京都の智積院で発生した失火が原因で、桃山時代に描かれた障壁画の45面のうち、16面が焼けてしまった。

焼失だけではない国宝が失われる理由

行方不明になっている国宝もある。大部分が

朝日新聞（大阪）号外

國寶金閣寺今曉燒く

二日午前三時七分、京都市上京区北山通金閣寺町、金閣寺から出火、同寺内の国宝金閣堂を全焼、同三時五十分鎮火した

毎日新聞

号外

昭和廿五年七月二日日曜日

金閣寺今曉全燒

室町時代の名建築

火事が起きた当日、鹿苑寺・金閣の全焼を号外で知らせる朝日新聞と毎日新聞の紙面。

盗難によるものだ。

京都の東寺《とうじ》（教王護国寺《きょうおうごこくじ》）の《兜跋毘沙門天《とばつびしゃもんてん》》は、弘法大師《こうぼうだいし》が中国の唐で手に入れ、持ち込んだ品。その左手に乗っていた高さ15センチほどの宝塔《ほうとう》が、1968年、陳列していた収蔵庫で盗まれた。ただし宝塔自体は江戸時代につくられたもので、国宝指定されていなかった。

国宝ではないが、新薬師寺の《薬師如来立像《やくしにょらいりゅうぞう》》は三度も盗難にあっている。通称《香薬師《こうやくし》》と呼ばれる、清純さと端正な表情が特徴的な白鳳《はくほう》文化がよくあらわれた仏像だ。明治時代の二度の盗難時は見つかったが、1943年に三度目の盗難にあい、いまだ行方不明のままだ。盗難時は重要文化財であったため、現存すれば国宝になっていた可能性が高い。

日本から失われたという点では、海外に流出した国宝も多く挙げられる。平治の乱を描いた絵巻《平治物語絵詞《へいじものがたりえことば》》の「三条殿夜討《さんじょうどのようち》の巻」は、アーネスト・フェノロサ（P.139）が収集しボストン美術館へと寄託《きたく》。彼の死後は資産家に買い取られ、正式に寄贈された。地獄を題材とした《地獄草《じごくぞう》紙《し》》もまた、明治期に流出しボストン美術館に所蔵されている。平治物語絵詞と地獄草紙は現在、国内に残された一部が国宝に指定されている。

また、第二次世界大戦後の混乱期には、尾形光琳《おがたこうりん》の《八ツ橋図屏風《やつはしずびょうぶ》》や海北友松《かいほうゆうしょう》の《月夜松梅図《げつやしょうばいず》》、伊藤若冲《いとうじゃくちゅう》《鳥獣草花図《ちょうじゅうそうかず》》など、多くの文化財が海外へと渡った。文化財の海外流出の背景には、19世紀に西洋で巻き起こったジャポニズムがある。当時、日本の文化財は、西洋の芸術家をはじめ、資産家たちの高尚な趣味として大きな人気を集めていたのだ。現在は１９５０年施行の文化財保護法により、国宝や重要文化財を許可なく海外へ持ち出すことは禁じられている。

２０１５年1月、文化庁は、全国で所在不明になっている重要文化財が計１８０件あると発表した。うち、３件が国宝である。さらに調査中の重要文化財が68件あり、うち９件が国宝。焼失した国宝は二度と戻らないが、行方のわからなくなっている国宝はどこかに眠っている可能性があり、早期の解明が待たれる。

第3章
国宝が語るストーリー

謎や不思議、怖い逸話、歴史上の事件、人びとの祈り……人から人へ、現代まで受け継がれてきた国宝は、驚きのストーリーを秘めている。

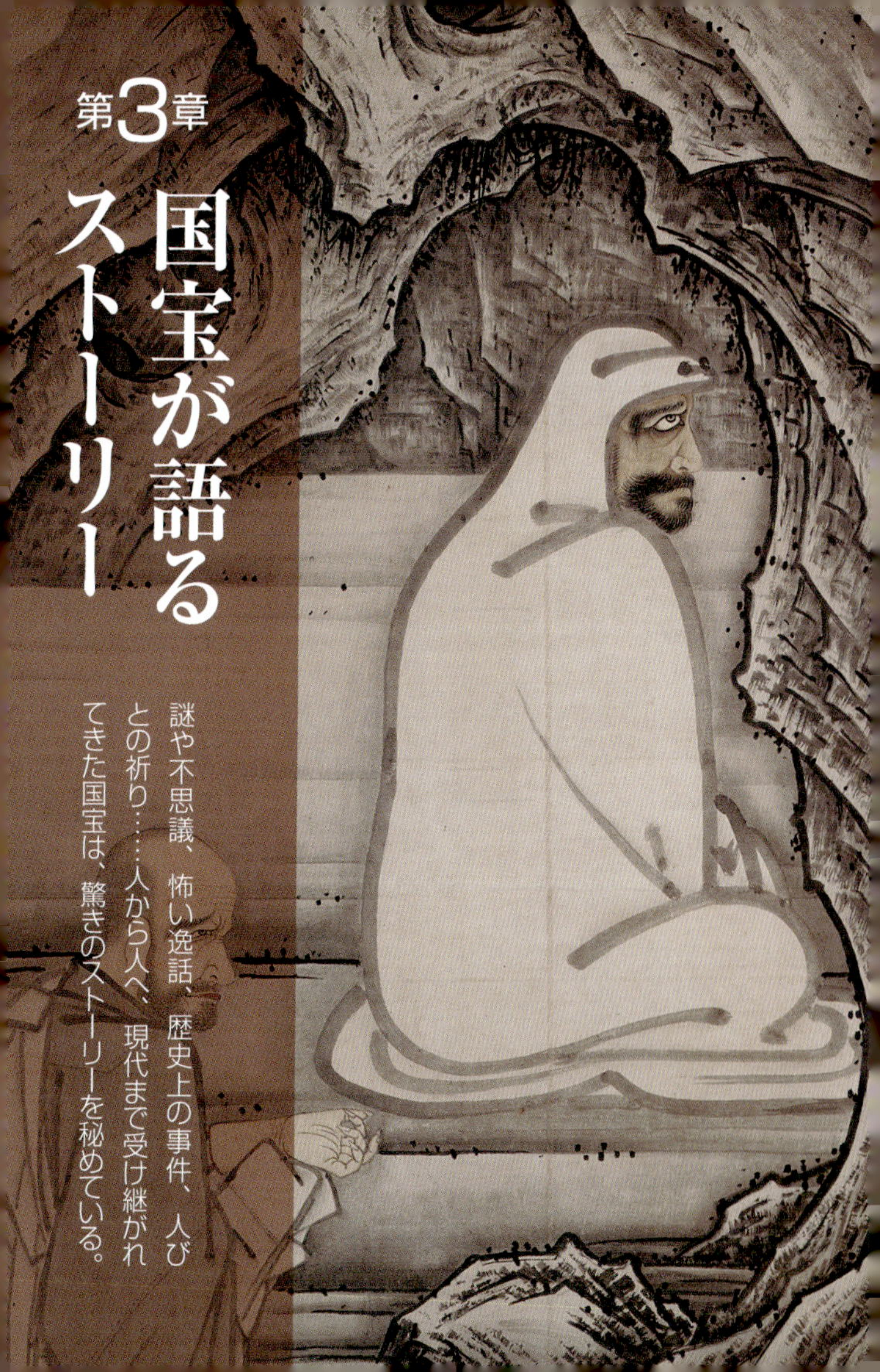

建造物

古代神の存在感漂う　神社建築の名作中の名作

出雲大社本殿《いずもたいしゃほんでん》

Data
制作年代：江戸時代・1744年
所蔵：島根県・出雲大社
国宝指定：1952年

古来より八百万《やおよろず》の神が集った島根県の出雲《いずも》地方。この地を舞台とした神話は『古《こ》事記《じき》』と『日本書紀《にほんしょき》』で語られ、その実像は『出雲国風土記《いずものくにふどき》』によって仔細《しさい》に伝承される。その中心は、大国主大神《おおくにぬしのおおかみ》を祀《まつ》る出雲大社だ。現在の国宝《出雲大社本殿《いずもたいしゃほんでん》》は、1744年に建てられたもの。日本最古の建築様式である「大社造《たいしゃづくり》」を踏襲しており、記紀にある神々しい古《いにしえ》の姿を今なお留めている。

屋根の両端にある巨大なX字の千木《ちぎ》と3本の堅魚木《かつおぎ》、内部中央の「心御柱《しんのみはしら》」（「岩《いわ》根御柱《ねのみはしら》」とも呼ぶ）、弥生期の名残である高床式《たかゆかしき》が本殿の大きな特徴だ。心御柱は、直径約1メートル以上だが、建物を支持するものではなく、大国主大神の心を鎮めるためのもの。建物を支えるのは、宇豆柱《うずはしら》（棟を支える南北2本の柱）などの周囲の柱だ。

かくも規模の大きな出雲大社本殿だが、かつてはさらに巨大な姿を呈していた。970年に源 為憲《みなもとのためのり》が書いた『口遊《くちずさみ》』によれば、当時の本殿は、高さ約45メートルを超え、東大寺大仏殿以上の大きさだったとされる。鎌倉中期に描かれた出雲大社の絵図『出雲大社 并《ならびに》 神郷《しんごう》図《ず》』にも、高層だった本殿が描かれ、高さは現在の倍の約48メートルとある。さらにそこから、100メートル以上の階段が延びていたとされている。

いまだ確証のない伝承ではあるものの、平安時代に「天下無双の大廈《たいか》」(世にふたつとない立派な建築)と書き残された巨大性は、出雲の神秘にふさわしいものだと言えるだろう。

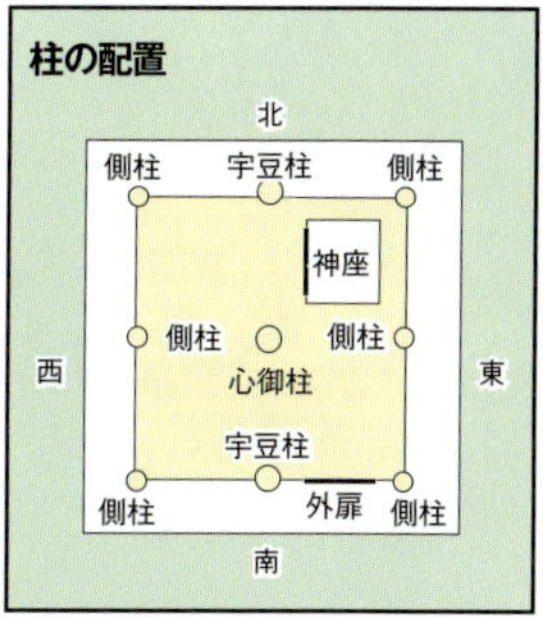

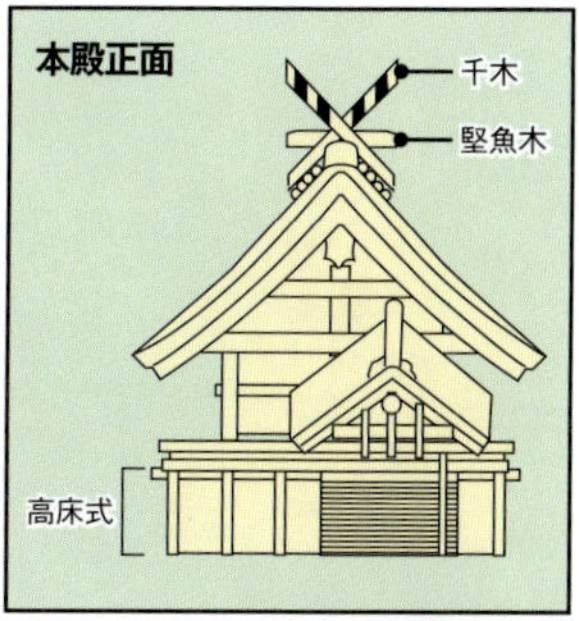

古代の出雲大社想定図

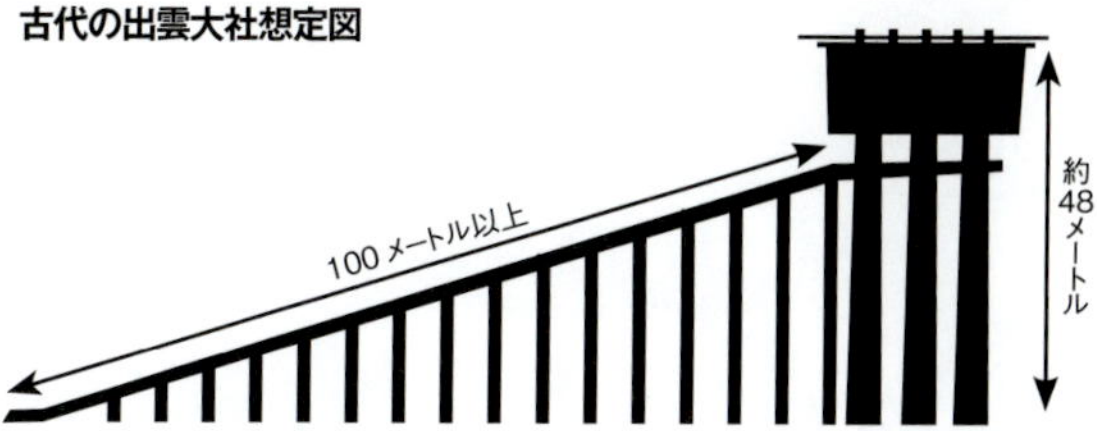

天皇陛下
御下賜金
神饌料
神饌料

平成の大遷宮後の出雲大社

遷宮とは、木造の社殿を維持するための大規模な修造で、御神体（ごしんたい）や御神座（ごしんざ）を浄める意味も込められている。奥に見える高い建物が本殿で、平面が1辺約11メートルの正方形に近い形、高さは約24メートルと巨大。本殿手前は楼門（ろうもん）、その手前には八足門（やつあしもん）がある。

彫刻

もとは阿弥陀如来だった？

薬師如来坐像《やくしにょらいざぞう》

引き締まった表情とバランスのよい体躯《たいく》が印象的な国宝《薬師如来坐像《やくしにょらいざぞう》》。滑らかな衣紋《えもん》（衣服のしわ）と着衣の形式には奈良時代彫刻の伝統が息づき、頬からあごにかけての肉付きは承和《じょうわ》後半期（８４０年代）の木心乾漆像《もくしんかんしつぞう》の流れを感じさせる。そのうえで面長な顔立ちと切れ長の目尻という新しい感覚が加わっている。制作期は、仏教色の色濃い盛唐文化が栄えた奈良時代の直後、平安時代前期とされている。

薬師如来《やくしにょらい》として見たとき、この像の示すジェスチャーは一風変わっている。右手は恐れを制する「施無畏《せむい》」の印、左手はその側で宝珠を捧げているかのような相を示す。注目すべきは、右ひじの曲がり具合がいささか急なことと、左ひじの衣に珍しい折り返しが見られること。両手先とものちに補作されたと考えるのが自然だ。こういった観点から、当初はおそらく今と違う印相だったと考えられており、とくに左手を胸もとまで上げた印相から、この像はもとは阿弥陀如来《あみだにょらい》だったという説が根強い。

Data

形式：一木造
制作年代：平安時代・9世紀
所蔵：大阪府・獅子窟寺
国宝指定：1968年

薬師如来坐像

この薬師如来の造形からは、奈良期に伝来した盛唐文化が、新たな要素を受容しつつ展開していった跡を読み取れる。とくに表情は、唐彫刻や新羅彫刻の面影と通じるものがある。

建造物

誰がどうやって建てた？　日本一危険な国宝

三仏寺奥院《さんぶつじおくのいん》〈投入堂《なげいれどう》〉

Data

制作年代：平安時代・1086〜1184年
所蔵：鳥取県・三仏寺
国宝指定：1952年

中国地方最高峰の大山《だいせん》（１７２９メートル）、船上山《せんじょうさん》（６８７メートル）と並び「伯耆三嶺《ほうきさんれい》」と呼ばれた三徳山《みとくさん》（９００メートル）は、山岳仏教の霊場として名高い。そこには、とうてい人の手によるものとは思えない異様な光景から、「僧が法力で投げ入れた」という伝説をもつ、極地建築が存在する。

前述の中国地方の山域一体を境内《けいだい》とする三仏寺《さんぶつじ》は、一説によれば７０６年に役小角《えんのおづの》（役行者《えんのぎょうじゃ》）によって修験道場として開かれた。のちに慈覚大師円仁《じかくだいしえんにん》が釈迦《しゃか》・阿弥陀《あみだ》・大日《だいにち》の三仏を安置し、天台宗の寺院として創立したとされている。参道には、かつて多くの寺院が建ち並んだとされ、現在も皆成院《かいじょういん》、輪光院《りんこういん》、正善院《しょうぜんいん》が残っている。

そして、三仏堂の本堂裏手から延びる険しい山道を登りいくつかのお堂を経ると、三徳山の中腹あたり、標高４７０メートル地点に、じつに不思議な光景を目にすることになる。断崖のくぼみに押し込まれるように、建物が見えるのである。

この建造物は、正面一間、側面二間の母屋に、ヒノキの皮でできた「檜皮葺《ひわだぶき》」の屋根を冠し、西側に愛染堂《あいぜんどう》を構えている。この建物こそが国宝《三仏寺奥院《さんぶつじおくのいん》》（正しくは「蔵王堂《ざおうどう》」）だ。その姿から、役小角の法力が投げ入れたという伝説をもち、広くは〈投入堂〉の名で人びとに親しまれている。

三徳山は輝石安山岩《きせきあんざんがん》という鉱石を主体とする山で、それら鉱石が溶岩流などによって侵食されてできた岩窟《がんくつ》に投入堂は建てられている。自然がつくりだした岩盤が、堂から延びる長短さまざまな柱を支え、絶妙なバランスを保つ姿は、奇跡と言っても過言ではない。現在でも建造方法は不明で、役小角伝説が残るのみとなっている。

建造年代は、全体の構造やほかのお堂の建造伝承などから、平安時代後期と考えられているが、南北朝時代の北朝の年号である「永和《えいわ》元年」（１３７５年）の銘《めい》がある札も見つかっており、謎だらけなのが実際のところだ。だが、こうした極地に建つ建築であるから、今日までに幾度か修理されていることは間違いないだろう。

なお投入堂の内陣《ないじん》には、かつて合計７体の蔵王権現立像《ざおうごんげんりゅうぞう》が安置されていた（現在はふもとの宝物殿に所蔵）。またそのなかの本尊の胎内《たいない》からは、１１６８年に書かれた造立願文《ぞうりゅうがんもん》（仏像の造立経緯が記された願文）も発見されている。

三仏寺奥院〈投入堂〉
ほかに類を見ない投入堂は、正面が約3.8メートル、側面が約7.6メートルと意外に小ぶり。入堂には特別な許可が必要で、入るにも崖を伝って堂の床下を通り、背面から縁に這い上がるしかない。

役小角《えんのおづの》とは何者か？

役小角《えんのおづの》（役行者《えんのぎょうじゃ》）は飛鳥時代から奈良時代にかけての山岳修行者で、仏教と神道《しんとう》とを習合《しゅうごう》し、修験道《しゅげんどう》を創始した人物だ。つまり、山伏《やまぶし》の元祖である。実在したとされるが、伝説が先行するあまり実体は定かではない。

日本最古の仏教説話集『日本霊異記《にほんりょういき》』によれば、役小角は彼の呪術を恐れた神によって流罪《るざい》となっている。そして、のちに仙人となって空を飛び、陰口を言った神を呪詛《じゅそ》したと伝えられている。

おとぎ話ばかりのように思えるが、実際の史書にも記されており、６９９年に伊豆国へ流罪となったことはどうやら確からしい。

彼にまつわる有名なエピソードのひとつに、２体の鬼を従えていたというものがあり、のちにかの葛飾北斎《かつしかほくさい》が《北斎漫画《ほくさいまんが》》において、この題材を取りあげている。今日に至るまで、多くの謎に包まれた人物だ。

絵画

模写の模写なのに国宝？

十《じゅう》二《に》天《てん》像《ぞう》

Data

形式：絹本著色
制作年代：平安時代・1127年
所蔵：京都府・京都国立博物館
国宝指定：1952年

オリジナルではなく、コピーのコピーが国宝となった例もある。それが京都国立博物館に所蔵されている国宝絵画《十二天像《じゅうにてんぞう》》だ。十二天とは方位の神々のこと。奈良時代までの仏教では、東西南北の四隅に守護神を置いた。しかし平安時代以降の密教では、さらに四維《しい》（東西南北のあいだ）と上下、日月の8つの神を加えて十二天とした。この神々を各幅に描き、12幅で1セットにしたのがこの《十二天像》だ。京都の東寺に伝来した由緒正しい名品で、実際に宮中の儀礼で使用された。

もともとあったオリジナルの傷みが激しく、模写がつくられたが（1040年）、この模写も1127年に東寺の火災で焼失。その後、東寺の住職が弘法大師《こうぼうだいし》の書にもとづいて写しを描かせたが、それを見た鳥羽天皇《とばてんのう》からは出来の悪さを叱責されNG。次に仁和寺のものを手本に再制作されたのが、現在の国宝だ。なお作者は不明だが、12幅の各作風が異なるため、複数の画師が分担して描いたとされている。

十二天像のうちの水天像

水天は西に配される守護神。12 幅は左右対称の均衡のとれた姿態と綿密な描写、豊潤な色彩など、平安期の美意識があらわれた一級品。平安の仏画のうち、制作年代や背景がわかるものは希少。宮中の正月の儀礼「後七日御修法(ごしちにちのみしほ)」で掛けられたとされる。

彫刻

欠けてしまった円陣　12神将なのに11体なのはなぜ？

十二神将立像《じゅうにしんしょうりゅうぞう》（宮毘羅大将像《くびらたいしょうぞう》を除く）

Data
形式：塑造
制作年代：奈良時代・729～749年
所蔵：奈良県・新薬師寺
国宝指定：1953年

聖武天皇《しょうむてんのう》の快癒《かいゆ》を祈願し、光明皇后《こうみょうこうごう》が747年に創建した新薬師寺。その格式の高さは、伽藍内《がらんない》の本堂や多くの文化財が物語っている。なかでももっとも有名なものが、国宝《十二神将立像《じゅうにしんしょうりゅうぞう》》だ。十二神将とは、鎧《よろい》や武器などで武装した、薬師《やくし》如来《にょらい》を守護する12の武神のこと。新薬師寺では、本堂の壇上中央に安置される国宝《薬師如来坐像《やくしにょらいざぞう》》を取り囲み、12体の神将が外に顔を向け円陣を組むように配置されている。表情は厳しく、さながら薬師如来専属のガードマンのようだ。なおこれら神将像は、木骨を芯として3層の塑土《そど》を盛る「塑造《そぞう》」によって造られている。

また奈良期には多くの十二神将が造られたが、新薬師寺のものは日本最古の十二神将像だとされる。しかし、安政《あんせい》の大地震（1854年）の際、惜しくも宮毘羅大将《くびらたいしょう》だけが倒壊により失われてしまった。現在、堂内に安置されているのは1931年に補作された宮毘羅大将で、国宝指定されているのは11体のみとなっている。

迷企羅《めきら》大将
（寺伝によれば
伐折羅《ばざら》大将、以下同）

十二神将像は２体で１組となり、同種の服装や姿勢を反復・反転させて対称の効果をねらっているとされる。それとは別に、静と動、攻と守の対比などの組み合わせもある。各像の名称は、過去の文献での名称と、寺に伝わる呼称が異なっている。

因達羅《いんだら》大将（迷企羅《めきら》大将）

安底羅《あんてら》大将（珊底羅《さんてら》大将）

頞你羅《あにら》大将

伐折羅《ばさら》大将（安底羅《あんてら》大将）

摩虎羅《まこら》大将

波夷羅《はいら》大将
（因達羅《いんたら》大将）

珊底羅《さんてら》大将
（招杜羅《しょうとら》大将）

毘羯羅《びきゃら》大将

招杜羅《しょうとら》大将
（宮毘羅《くびら》大将）

真達羅《しんだら》大将

古代国家成立の謎を解くカギを握る超一級資料！

武蔵《むさし》埼玉《さきたま》稲荷《いなり》山《やま》古墳《こふん》出土品《しゅつどひん》〈金錯銘鉄剣《きんさくめいてつけん》〉

Data
制作年代：古墳時代・5世紀
所蔵：埼玉県・埼玉県立さきたま史跡の博物館
国宝指定：1983年

埼玉県行田市《ぎょうだし》の埼玉古墳群のなかで、もっとも古い時期の前方後円墳《ぜんぽうこうえんふん》である稲荷《いなり》山古墳《やまこふん》から多数の副葬品《ふくそうひん》が出土したのは1968年のことだった。全長約73・5センチという、古墳時代としては異例に長い錆《さ》びた刀剣《金錯銘鉄剣《きんさくめいてつけん》》もそのひとつだ。

この刀剣の価値は、X線調査で明らかになった。剣身に金象嵌《きんぞうがん》による115字の銘《めい》文《ぶん》が浮かび上がったのだ。銘文は「辛亥《しんがい》年七月中記《しるす》」で始まり、作刀者「乎獲居臣《おわけのおみ》」の一番の祖が「意富比垝《おおひこ》」であることや、当人が「獲加多支鹵大王《わかたけるだいおう》」に仕えたことが記されている。「辛亥年」を471年、獲加多支鹵大王は雄略天皇《ゆうりゃくてんのう》であるとすると、『日本書紀《にほんしょき》』の一部が裏付けられ、しかも意富比垝といえば『古事記《こじき》』の英雄のひとり。そもそも5世紀の日本をひもとく資料は『古事記』と『日本書紀』が頼みの綱だが、ともに8世紀に編纂されたもので事実関係は怪しい部分が多い。この刀剣は、記紀の人物が実在した証明であり、歴史に一石を投じる世紀の大発見となったのである。

金錯銘鉄剣

剣身にたがねで刻んだ文字に金を埋め込んだ「金象嵌（きんぞうがん）」によって表面57字、裏面58字の合計115字の銘文が刻まれている。内容は作刀者の8代前にまでさかのぼる系譜だと考えられる。

裏面に残る「獲加多支鹵大王（わかたけるだいおう）」の銘。

不思議編

じつは別人!? 本当は……

彫刻

義淵僧正坐像《ぎえんそうじょうざぞう》

Data
形式：木心乾漆造
制作年代：奈良時代・8世紀
所蔵：奈良県・岡寺
国宝指定：1957年

奈良県高市郡明日香村にある岡寺の開祖・義淵僧正《ぎえんそうじょう》の姿は、木心乾漆造《もくしんかんしつづくり》の《義淵《ぎえん》僧正坐像《そうじょうざぞう》》として残されている。袈裟《けさ》の胸元を大きく広げ、やせ細った肋骨と腹の皮をのぞかせ、両手をひざに軽くのせて結跏趺坐《けっかふざ》（仏教における両足を組む座り方）する老僧。いたるところに深いしわが刻まれた顔は、突出した眉弓《びきゅう》と垂れ下がった目が印象的だ。耳たぶには大きな穴を貫通させている。

いかにも義淵僧正の風体と疑う余地のない像に見えるが、じつは本人の肖像ではなく聖僧文殊《しょうそうもんじゅ》（僧侶の宗教生活における心身の理想の姿）像とする考え方が有力だ。たしかに、インドの僧の理想的な面影や、東寺の聖僧文殊像を彷彿とさせ、写実というよりは誇張表現が目立つ。およそ25年も僧正の職にあり、多くの高僧を弟子に抱えた義淵が、理想の僧と崇《あが》められることは不自然ではない。当初は単に聖僧像として造られたものに義淵の名が託されたとも考えられるが、その真偽は定かではない。

義淵僧正坐像
像は、天平時代末期に流行した木心乾漆造で、木心部の構造は頭部と体躯をそれぞれ別材とし、ひざ前と両肩から先の部分も別材となっている。

建造物

埋め尽くす1001体の観音！　33本の柱間の秘密とは？

蓮華王院本堂《れんげおういんほんどう》〈三十三間堂《さんじゅうさんげんどう》〉

Data
制作年代：鎌倉時代・1266年
所蔵：京都府・妙法院
国宝指定：1952年

〈三十三間堂《さんじゅうさんげんどう》〉の名で親しまれる国宝《蓮華王院本堂《れんげおういんほんどう》》は、法住寺殿《ほうじゅうじどの》敷地内に、当時権勢を奮った平清盛《たいらのきよもり》の協力を得て創建された。1164年に完成後、仏像など一切が火災により焼失したが、後嵯峨上皇《ごさがじょうこう》が1266年に再建し現在に至る。

ではなぜ「三十三」なのだろうか？　この33という数は、観音菩薩《かんのんぼさつ》が衆生を救うために変化する姿（応現《おうげん》身《しん》）の数だ。この数字を建築物に落とし込み、内陣の柱間を33としたことが〈三十三間堂〉の由来である。本堂に並ぶ千手観音像の数は1001体、

蓮華王院本堂
平安時代後期には、三十三間堂のように堂内に多数の仏像を置く「千体御堂」が盛んにつくられた。しかしほとんどは火災で失われ、現存する千体御堂は三十三間堂のみとなった。

それぞれが33のバリエーションをもつことから、じつに３万３０３３体の御仏《みほとけ》がひしめく空間というわけだ。

本堂を正面から見たとき三十三間、側面は三間。しかし内陣《ないじん》の四方に一間の庇《ひさし》があるため、外側から眺めると桁行《けたゆき》三十五間、梁間五間となる。南北の長さは約１１８メートルで、これほど南北に長大な建物は、現存建築物では類を見ないものだ。

内陣の中央三間分を占める内々陣《ないないじん》には、中尊を安置する須弥壇《しゅみだん》に国宝《千手観音《せんじゅかんのん》坐像《ざぞう》》が鎮座しており、台座を含めた総高は7メートルを超える大きさだ。

この中尊の左右十五間には、それぞれ５００体の千手観音立像が並ぶ。また有名な28体1セットの国宝《二十八部衆立像《にじゅうはちぶしゅうりゅうぞう》》は、中尊の周囲に4体、前壇に24体が配されている。二十八部衆は、千手観音信奉者の28の護法神たちの集合体のこと。三十三間堂の二十八部衆立像の表情や身振りには、それぞれに人間的な感情が読み取れるかのような写実性が見られる。いずれの像も寄木造《よせぎづくり》で彩色仕上げ、玉眼《ぎょくがん》を配した頭部は小さく、腰高のプロポーションが特徴だ。しかし怪異な姿でありながら、一種の華やいだ雰囲気を演出している。そして本堂の南北両端には、これらを見下ろすようにこれまた国宝の《風神雷神像《ふうじんらいじんぞう》》が配されている。

中尊をはじめ、堂内の仏像復興は湛慶《たんけい》を中心とした慶派仏師《けいはぶっし》の手によるものとされる。銘文からは、湛慶最晩年の大作と推測されている。像を含む三十三間堂の最大の価値は、焼失後も鎌倉時代の技術で再現、現代まで伝えたことにあるだろう。

なお、本来の配置では須弥壇上に二十八部衆と風神雷神があったとされるが、修復・管理・防災などの理由から、現在のレイアウトとなっている。

建造物

4度の焼失、6度の天災にもめげない国内最大の塔！

教王護国寺《きょうおうごこくじ》五重塔《ごじゅうのとう》〈東寺《とうじ》五重塔《ごじゅうのとう》〉

Data
制作年代：江戸時代・1644年
所蔵：京都府・東寺（教王護国寺）
国宝指定：1952年

国内に古塔《ことう》は数あれど、もっとも災難に見舞われているのが《教王護国寺《きょうおうごこくじ》五重塔《ごじゅうのとう》》だ。823年に弘法大師《こうぼうだいし》空海《くうかい》が造営に着手し、彼の没後半世紀をかけようやく完成したが、その後4度の火災による焼失と、6度の地震・雷被害に見舞われた受難の塔である。その度ごとに空海の教えを継ぐ僧たちが奔走《ほんそう》し、再建を成し遂げてきた。

現在の塔は、1644年に徳川家光《とくがわいえみつ》を大檀那《おおだんな》として再建された5代目で、高さは国内の五重塔で最高の約55メートル。近世の建造物でありながら和様本来の建築様式が忠実に守られ、部材には装飾がまったくほどこされていない。

この塔の初重《しょじゅう》内部は一面に極彩色がほどこされ、大日如来《だいにちにょらい》に見立てた心柱《しんばしら》が塔の各層を貫く。その周囲には金剛界四仏像《こんごうかいしぶつぞう》と八大菩薩像《はちだいぼさつぞう》が安置されている。また心柱を囲む四天柱に両界曼荼羅《りょうかいまんだら》、側柱に八大竜王《はちだいりゅうおう》（仏法の守護者）、窓には真言八祖《しんごんはっそ》（真言宗の8人の祖師）などが描かれ、圧巻の密教的世界観が広がっている。

重量感のある教王護国寺五重塔
塔身の幅は、通常では上重ほど小さくなっていくが、東寺五重塔は上重でもあまり幅が狭くならないため、塔自体が荘重な印象を与える。

どうしてこうなった……白鷺城が〝白すぎ〟城に!?

建造物

姫路城《ひめじじょう》（大天守《だいてんしゅ》、乾小天守《いぬいこてんしゅ》、東小天守《ひがしこてんしゅ》、西小天守《にしこてんしゅ》、イ、ロ、ハ、ニの渡櫓《わたりやぐら》）

Data

制作年代：桃山時代・1608〜1609年
所蔵：兵庫県・姫路市
国宝指定：1951年

姫路城《ひめじじょう》は、1346年に南北朝時代の武将・赤松貞範《あかまつさだのり》によって築城され、黒田官兵《くろだかんべ》衛《え》や豊臣秀吉《とよとみひでよし》など、名だたる大名が城主となった城だ。その特徴はなんといっても美しい白壁。春には満開の桜が白壁に彩りを添え、その美しさから「白鷺城《しらさぎじょう》」とも呼ばれている。1993年には日本最高峰の木造建築として世界遺産にも登録された。

そんな美しい姫路城ではあったが、1601年に池田輝政《いけだてるまさ》により9年がかりで大改修されて以来、経年により老朽化が進んでいた。そのため、2009年から14年にかけて大修復が行われた。だが、大修復が完了してみると白壁が予想以上に白く、「〝白鷺〟城ではなく〝白すぎ〟城では……」とからかわれてしまったほど。

しかし実際のところ、これは失敗というわけではなく、輝政も採用していたとされる防水や瓦留めに強い「白漆喰《しっくい》」によるもの。もっとも、この白漆喰の本来の目的は装飾ではなく、耐火性の向上など、防御的に重要な役割をもつものだったとされる。

姫路城

姫路城は、5 層の大天守とそれを囲む 3 層の乾小天守（いぬいこてんしゅ）、西小天守（にしこてんしゅ）、東小天守（ひがしこてんしゅ）、それらを結ぶイ、ロ、ハ、ニの渡櫓（わたりやぐら）で構成されている。城主の格式、威厳を象徴する天守は戦国から江戸にかけ巨大化が進み、姫路城も例外ではない。

彫刻

飛鳥美術の美の完成形　奈良・中宮寺の「考える人」

菩薩半跏像《ぼさつはんかぞう》（伝如意輪観音《でんにょいりんかんのん》）

Data

形式：寄木造
制作年代：飛鳥時代・7世紀
所蔵：奈良県・中宮寺
国宝指定：1951年

奈良・中宮寺《ちゅうぐうじ》の本尊《菩薩半跏像《ぼさつはんかぞう》》は、台座に腰かけ、左足に右足を乗せた「半跏《はんか》」と、右ひじをひざに乗せ、右の指先を頬に添えて物思いにふける「思惟《しい》」の姿勢をとる。本来、「半跏思惟《はんかしい》」は弥勒菩薩像《みろくぼさつぞう》に多く見られるが、この像は如意輪観音像《にょいりんかんのんぞう》として伝えられている。実際の経緯は不明だが、もとは弥勒菩薩として造られ、平安期の如意輪観音信仰隆盛の際に名を違え、現在まで継承されたと考えられている。

この像の優美さを印象づける要素は、ふっくらとしなやかな曲線を描く体躯と、光背に描かれた蓮華荷葉文《れんげかようもん》などの意匠性《いしょうせい》だろう。飛鳥時代の彫刻の多くが平面的な硬さを感じさせる一方で、立体的造形と写実表現が加わり、後期飛鳥文化の美の結集と呼ぶにふさわしい像へと昇華した。また、像の頭部には鉄くぎを打ち込むという特異な寄木技法《よせぎぎほう》が用いられている。これはのちの白鳳彫刻《はくほうちょうこく》の技法と類似しており、半跏菩薩像が飛鳥から次代への発展を示す重要な存在という証左にほかならない。

菩薩半跏像
優しい眼差し、かすかに微笑みをたたえたアルカイック・スマイル、台座から流れるような衣のひだには、日本的情感にあふれた美が実現されている。現在はシックな黒い漆塗りだが、当初は彩色されていたとされる。

建造物

赤く輝く色彩を取り戻した現世の浄土

平等院鳳凰堂《びょうどういんほうおうどう》（中堂《ちゅうどう》、両翼廊南《りょうよくろうみなみ》・北《きた》、尾廊《びろう》）

Data

制作年代：平安時代・1053年
所蔵：京都府・平等院
国宝指定：1951年

京都府宇治市を流れる宇治川の左岸に建つ平等院。平安時代の貴族たちはこの地にこぞって別荘を建てたが、栄華を極めた藤原道長《ふじわらのみちなが》もまた別荘を買い、詩歌など優雅な催しや仏事を行ったという。道長の死後、別荘を受け継いだ息子の頼通《よりみち》は別荘を寺院に改め、１０５２年に本堂を建立し平等院と号する。翌53年には阿弥陀堂《あみだどう》、今では国宝《平等院鳳凰堂》と呼ばれる建物が建立され、《阿弥陀如来坐像《あみだにょらいざぞう》》（P.96）が安置された。その後、法華堂《ほっけどう》、多宝塔《たほうとう》、五大堂《ごだいどう》、不動堂《ふどうどう》などが建立されるも、南北朝の争乱によりその多くが焼失している。

平等院創建の根底には、平安後期の貴族たちのあいだで広がった末法思想《まっぽうしそう》がある。末法思想とは、釈迦《しゃか》の死後1千５００年もしくは2千年から先、1万年のあいだは悟りを開く者が現れないという思想で、平等院建立の年は、まさに末法の元年とされた。

そうした時流のなかにおいて、宇治川の対岸に朝日山を望む風雅な地に建てられた

平等院鳳凰堂
鳳凰堂は、2014年に屋根の葺き替えや当時の塗料「丹土（につち）」を用いた塗り替えなどの修復作業が終了した。金色に輝く鳳凰も再現され、1千年近く前の、建立された当時を想像させるに足るきらびやかな極楽浄土の姿がよみがえった。

平等院は、それ自体が極楽《ごくらく》浄土《じょうど》たらんとする様式美に満ちている。

敷地を見れば、創建当時は本堂に大日如来《だいにちにょらい》が祀《まつ》られるなど天台宗《てんだいしゅう》でありながら、堂はあくまでも密教色が強い。伽藍《がらん》の中心は阿弥陀堂で、阿弥陀堂の西に浄土宗の浄土院、北に天台宗の最勝院《さいしょういん》がのちに創建される。現世に極楽浄土をつくり出そうとした平安貴族の強い思いを、感じざるを得ない。

極楽浄土の中心にあるのが、阿弥陀堂＝鳳凰堂だ。両側に翼廊《よくろう》、背後に尾廊《びろう》を配置した構造は俯瞰《ふかん》すると羽を広げた鳳凰《ほうおう》を思わせる。鳳凰堂は古くは、阿弥陀堂もしくは御堂と呼ばれていたが、この鳳凰を連想させる姿から、江戸時代初期のころから鳳凰堂と呼ばれるようになったとされている。

鳳凰堂の中堂には国宝・阿弥陀如来坐像が祀られている。作者は、寄木造の仏師として高名な定朝《じょうちょう》。その様式は仏像の理想形とも言われ、鳳凰堂の阿弥陀如来坐像を手本とした仏像は、全国に１００体近くもあるという。

阿弥陀如来像を祀る中堂の四方の壁にあるのが、厳かに舞う国宝《雲中供養菩薩《うんちゅうくようぼさつ》

像《ぞう》》だ。各像は高さ40～90センチと小さいものの、総数はなんと52体にもなる。しかも、すべての菩薩像が違うポーズ、違う表情を見せている。作者は定朝とその弟子たちと言われ、さらに、本来は52体以上あった可能性もあるという。

ほかにも、優美な《天蓋《てんがい》》や《金銅鳳凰》像なども国宝になっている。平安貴族たちが夢見た極楽浄土、鳳凰堂は、人びとが願い、表現した極楽浄土の姿、その美の極致と言っても過言ではないだろう。

彫刻 阿弥陀如来坐像《あみだにょらいざぞう》

作者：定朝　**制作年代：**平安時代・1053年
形式：寄木造　**所蔵：**京都府・平等院
国宝指定：1951年

全国の仏像の手本となった定朝（じょうちょう）作の阿弥陀如来坐像。定朝の手による仏像は、この阿弥陀如来坐像1躯しか現存しない。背景壁面に見えるのは、左の雲中供養菩薩像。

彫刻 雲中供養《うんちゅうくよう》菩薩像《ぼさつぞう》

作者：定朝　**形式：**寄木造
制作年代：平安時代・1053年
所蔵：京都府・平等院
国宝指定：1955年

52体の雲中供養菩薩像の1体（北9号像）。その姿も菩薩や僧などバラエティー豊か。雲に乗りながら、花飾りや楽器、蓮華などを手に舞い踊っている。

絵画

山越阿弥陀図《やまごしあみだず》

「わたしを極楽浄土に連れてって！」 枕元から浄土へ誘う

Data
形式：絹本着色
制作年代：鎌倉時代・12～13世紀
所蔵：京都府・禅林寺
国宝指定：1957年

人はみな死んだら極楽浄土《ごくらくじょうど》へ行きたいと願うもの。それがまさに今、死に向かう者ならなおさらだ。藁《わら》をも掴《つか》む思いで極楽浄土への道を探るだろう。そんな必死の思いに応えるのが、《山越阿弥陀図《やまごしあみだず》》だ。

眷属《けんぞく》（いわゆる部下）たちを従え、大きな姿を見せるのは阿弥陀如来《あみだにょらい》だ。白雲に乗り、山のこちら側に降りてくるのが観音菩薩《かんのんぼさつ》と勢至菩薩《せいしぼさつ》。その手前には四天王が見守るなか、ふたりの持幡童子《じばんどうじ》が死者を極楽浄土へ迎えるためにこちらに近づいている。

この《山越阿弥陀図》は、臨終《りんじゅう》を迎え北枕で寝かされた人の西側に置かれた。そして、転法輪印《てんぽうりんいん》を結んだ阿弥陀如来の手に実際に付けられた青、黄、赤、白、黒の五色の糸の端をその人の手に持たせるのだ。こうすることで阿弥陀如来の存在を感じさせ、やがて訪れる死の瞬間を心安らかに迎えることができるのだという。誰にでも訪れる死の瞬間は孤独なもの。《山越阿弥陀図》は、その孤独をも癒やしたのだった。

山越阿弥陀図
平安中期に、阿弥陀如来を信仰すれば、死ぬ時に極楽浄土へ導いてくれるという「阿弥陀信仰」が生まれた。これはその際の来迎の場面が描かれている。阿弥陀如来の手には、実際に五色の糸を取り付けた際の孔が空いている。

彫刻

岩に刻まれた国宝唯一の石造仏像

臼杵磨崖仏《うすきまがいぶつ》

Data

形式：石造
制作年代：平安～鎌倉時代
所蔵：大分県・臼杵市教育委員会
国宝指定：１９９５年

大分県・臼杵市《うすきし》には、国宝《臼杵磨崖仏《うすきまがいぶつ》》が所在している。国宝のなかで唯一の石造仏像で、天然の岩壁に直接彫られている。この国宝は59躯《く》の石仏の総称で、4つの石仏群からなる。なかでも最大のものは古園石仏群《ふるぞのせきぶつぐん》で、高さ4メートル×横幅18メートルの岩壁に、13躯もの石仏が彫られている。

臼杵磨崖仏に関する史料は皆無で、制作年は平安後期～鎌倉時代の造営《ぞうえい》と推定される。像の容姿が「都振《みやこぶ》り」と言われる、京都の円派系《えんぱけい》の作風に似ているため、都から仏師を招いて制作させたとされる。古代、この地域には漁業や航海を生業《なりわい》とする海部《あまべ》の民《たみ》がおり、その子孫の有力者が仏師を呼び寄せたのではないかとされる。

造営の理由は、有力者の娘の死を悼《いた》むためだったという説もある。たしかに、娘に先立たれる親の悲しみは計り知れないが、これほどの石仏を造営したことを考えれば、当時の人にとっての死の意義が、現在とは大きく異なるものだったに違いない。

臼杵磨崖仏（古園石仏群）
中央に座すのは中尊大日如来坐像。この像は激しく風化し、仏頭が割れ落ちていたが、現在は保存修理され気品と重厚さを取り戻している。

彫刻

計算し尽くされた三尊の来迎の姿

阿《あ》弥《み》陀《だ》如《にょ》来《らい》及《およ》び両《りょう》脇《きょう》侍《じ》立《りゅう》像《ぞう》

Data

形式：寄木造
制作年代：鎌倉時代・1195年
所蔵：兵庫県・浄土寺
国宝指定：1964年

堂内の光の演出効果によって、仏の来迎《らいごう》を現実化してしまった国宝がある。

兵庫県を流れる加古川《かこがわ》の河口より20キロメートルほど北東に建つ浄土寺《じょうどじ》。この寺は、鎌倉初期に名僧・重源《ちょうげん》が奈良の東大寺《とうだいじ》再建に際して創立した別所《べっしょ》（寺の本拠地から離れた場所に置かれる施設）のひとつ。通称「播磨別所《はりまべっしょ》」と呼ばれ、当時、重源は7つの別所を設置したが、現存するのはここだけである。門は南に面しており、敷地の東に本堂、西に国宝《浄土寺《じょうどじ》浄土堂《じょうどどう》〈阿弥陀堂《あみだどう》〉》が建っている。

阿弥陀堂は、平安時代、浄土宗が広まるにつれて数多く建てられるようになったもの。浄土寺浄土堂は、重源が南宋からもたらした「大仏様《だいぶつよう》」で建てられており、この様式で残っている建築は、東大寺南大門《なんだいもん》とこの堂のみ。工法としては「貫《ぬき》」で組まれる強い構造、屋根は「本瓦葺《ほんかわらぶき》」であることなどが特徴だ。

そもそも大仏様というのは、当時の日本の建築様式である「和様《わよう》」に対して、より巨大な建築向きの様式で、東大寺大仏殿再建のために採用されたもの。しかし同じ大仏様でも、東大寺南大門よりも浄土堂の方が本場・宋の色が濃く、大仏様の典型であるとされている。これもこの建物が国宝たる所以のひとつになっている。

また浄土堂の外観は、落ち着いた雰囲気をもっている。しかし内部は、建材のプロポーションを生かした柱や梁、垂木などが構造的な機能を果たしながら、建物の構造そのものの美しさを引き出した稀有な堂でもある。

建造物

浄土寺《じょうどじ》 浄土堂《じょうどどう》〈阿弥陀堂《あみだどう》〉

分類：建造物
制作年代：鎌倉時代・1192年
所蔵：兵庫県・浄土寺
国宝指定：1952年

浄土堂の外観。全体的に屋根が大きく、さらに反りがほとんどなく直線的なのが特徴だ。内部の荘厳さに比べると、装飾も少なく落ちついた外観で、桁を支える肘木が柱に差し込まれる「挿肘木」といった大仏様の特徴も見られる。

さて堂内には、国宝の《阿弥陀如来《あみだにょらい》及び両脇侍立像《りょうきょうじりゅうぞう》》が安置されている。この像は、平安時代の高名な仏師、快慶《かいけい》の作とされる高さ5メートル超の中尊像、その両脇に4メートルの観音《かんのん》、勢至《せいし》の2体の菩薩像を配置する阿弥陀三尊像《あみださんぞんぞう》である。3体の像は、それぞれ4本のヒノキから造られており、その像の軸は台座を貫通し、床下の礎石に堅く固定されている。巨大な仏像を安定させるための構造だ。

この像の見どころは、なんといっても夕刻。三尊像の足もと背後にある堂の戸を開けると、西から夕日が入り込む。そして堂内には夕暮れ時のオレンジ色の光が回り込む。すると差し込んだ光は、堂内の朱色の塗色に溶け、3体の像を背後から照らす。金箔を帯びた黄金の阿弥陀三尊像はこの光によってさらに後光を増し、さながら雲に乗り来迎するかのように、浮かび上がって見えるのである。こうした仕掛けは、研究者からも、明らかに荘厳《そうごん》な西方浄土《さいほうじょうど》の表現を意図していると指摘されている。

ちなみに重源は、快慶とも密接な関係をもっていたとされる人物。重源の自著『南《な》無阿弥陀仏作善集《むあみだぶつさぜんしゅう》』にも、この三尊像は中国の仏画をもとに快慶に造らせた、と記されている。重源がこうした仕掛けの構想を練り、快慶とともに〝祈り〟のひとつの形として現実化させようとしたという可能性も大いにあり得るのだ。

背後から光を受ける《阿弥陀如来及び両脇侍立像》
快慶の初期の作と言われる。力強く張りのある目を彫る表現や、厚みをもった体と非常に整った衣の文様などは、まさに快慶の作風と一致しているとされる。また、近年の調査によって、像の内部には多くの銘文の存在が確認されている。

仏像の素材・造り方と仏師

ひと口に仏像といっても、銅製の彫刻に鍍金《ときん》（めっき）をほどこした金《こん》銅仏《どうぶつ》、石を彫った石造《せきぞう》、粘土で造る塑造《そぞう》、漆を用いる乾漆造《かんしつづくり》、木材を用いる木造《もくぞう》と、その素材と技法は多岐にわたり、時代ごとの経済状況や、目的に応じて使い分けられている。

巨大な銅像、大仏の造り方

「奈良の大仏」として親しまれる東大寺の《盧舎那仏坐像《るしゃなぶつざぞう》》（P.50）、「鎌倉の大仏」《阿弥陀如来坐像《あみだにょらいざぞう》》は、建立時期こそ違えど、ともに座高10メートルを超える偉容《いよう》を誇る。これらは「銅造」で金銅仏に分類される。

その製作技法は、①木と竹で編んだ骨組みに塑土《そど》を塗り、②これに沿って粘土で中型を取る。③次に盛り土をしながら①と②の隙間に熱した銅を流し込む。①〜③の工程を繰り返したのち、最後に盛り土の山を崩せば大仏が姿を見せる。

奈良の大仏建立には山を削り、のべ260万人を動員、完成までに10年もの歳月が費やされた。このように金銅仏はおもに大型の仏像に用いられたが、奈良県の法隆寺金堂に安置される《釈迦《しゃか》三尊像《さんぞんぞう》》など、小さな仏像も制作された。

天平文化を彩った塑造と乾漆造

聖武天皇《しょうむてんのう》の治世、仏教文化を色濃く反映した天平文化《てんぴょうぶんか》の主流を占めた技法が「塑造《そぞう》」と「乾漆造《かんしつづくり》」。木心などに粘土で肉付けをして成形していく塑造に対して、乾漆造は麻布《まふ》と漆、木粉《もくふん》と漆の練り物を貼り重ねたもので像を造っていく。

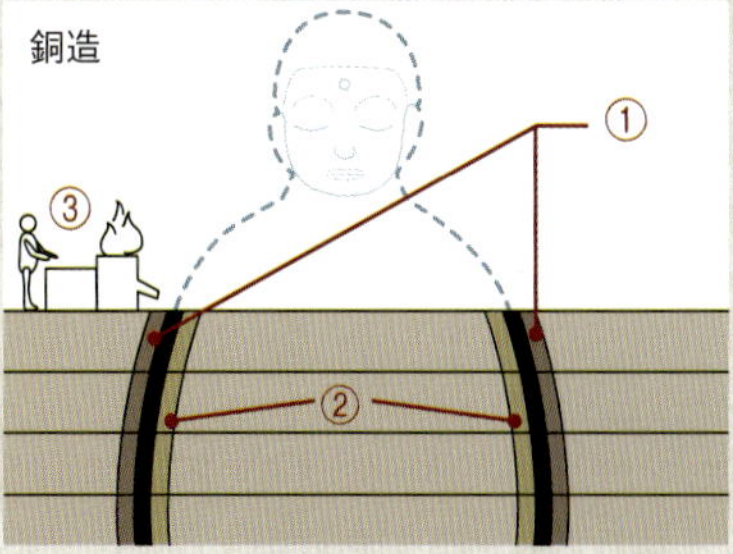

奈良の大仏などの製作に用いられた技法。粘土で仏像の型を取り、熱した銅を流し込む。

乾漆造には2種類あり、《千手観音坐像》（P.28）や奈良県・唐招提寺《とうしょうだいじ》金《こん》堂《どう》の《鑑真《がんじん》和上《わじょう》坐像《ざぞう》》などに見られる「脱活《だつかつ》乾漆造」は、成形後に塑土を抜き出し、木枠で補強するため、内部は空洞となる。《義淵僧正《ぎえんそうじょう》坐像《ざぞう》》（P.82）や奈良県・興福寺の《四天王立像《してんのうりゅうぞう》》に用いられているのは「木心乾漆《もくしんかんしつ》造《づくり》」。こちらの技法は、木像の上から漆布《うるしぬの》を貼る、木造に近い技法だ。

寄木造に玉眼、時代が求めた慶派の仏像革命

平安時代末期から仏像制作の主流となった木造で、多くの国宝を残した仏師集団が「慶派」だ。この一門は、康慶《こうけい》、運慶《うんけい》、湛慶《たんけい》の親子、快慶《かいけい》、定《じょう》慶《けい》らがいることで知られる。慶派の礎を築いた康慶は、「寄木造《よせぎづくり》」を確立した定朝《じょうちょう》の流れをくむ奈良仏師。寄木造は複数の木材を組み合わせる技法である。慶派の技法には、1本の木材から制作する従来の「一木造《いちぼくづくり》」に比べ、木材の大きさや干割《ひわ》れに悩まされることなく、大胆な発想で造形ができる寄木造の利点がおおいに生かされている。

木造彫刻の技法のひとつで、いくつかの材木を寄せて製作する。

1本の木材から像の頭部と胴体部を製作する、木造彫刻の技法。

慶派の躍動感溢れる仏像様式は、武家政権《ぶけせいけん》誕生という大きな変革が求めた〝時代の産物〟でもあった。寄木造によって容易になった仏像の目に裏側から瞳を描いた水晶の板をはめ込む「玉眼《ぎょくがん》」は、華やかさよりも力強さを求める時風をとらえ、もの言わぬ仏像に魂を吹き込んだ。当時としては革命的だった慶派の技法は以降、仏像造りの本流となっていったのであった。

絵画

慧《え》可《か》断《だん》臂《ぴ》図《ず》

代償は片腕!? 「達磨さん」への弟子入り物語

慧可断臂図

作品左端には雪舟が77歳のときに制作したという印が残り、幅裏には墨書で、1532年に尾張国知多郡(おわりのくにちたぐん)の佐治為貞(さじためさだ)が斉年寺に寄進したとの記載もある。

Data

作者：雪舟
形式：紙本墨画淡彩
制作年代：室町時代・1496年
所蔵：愛知県・斉年寺、京都国立博物館保管
国宝指定：2004年

画聖《がせい》とうたわれ、6点もの国宝絵画を残している雪舟等楊《せっしゅうとうよう》。そんな彼の集大成とも言える水墨画作品が国宝《慧可断臂図《えかだんぴず》》だ。畳1畳分くらいの大きさの画中に、ゴツゴツとした洞窟のような岩場にいるふたりの男が描かれている。座禅を組んでいる右の男は禅宗《ぜんしゅう》の始祖・達磨大師《だるまだいし》で、左の男は後に慧可《えか》と名乗る僧侶・神光《しんこう》だ。

この絵、じつは禅宗の逸話を描いたもので、達磨になかなか弟子入りさせてもらえなかった慧可が、覚悟を伝えるために自身の左腕を切って見せ、入門を許されるというシーンだ。そうした主題もあり、画面全体にはピンと緊張感が張りつめている。だが、雪舟の本領はその筆使いにこそあらわれる。よく見ると、達磨の着衣はまるで太いマーカーで描いたような均一かつ太い輪郭線で、マンガのようなユーモアすら思わせる。それでいて、上部の岩は彼の作品《秋冬山水図《しゅうとうさんすいず》》（国宝）に通じる緻密《ちみつ》な描写で、その重厚な表現からは寒々とした印象を感じさせる。

このように、あらゆる線を操って生み出した描写と、動きの少ない絶妙な構図によって鋭く緩急を効かせることで、主題とともに息が詰まるほどの緊張感を与えているのである。それもそのはず、本作品は老禅僧《ろうぜんそう》・雪舟77歳の絶筆とも言える作品で、ここには、彼が辿りついた境地そのものが表現されているのである。

延暦寺焼き討ち……最後の砦となった場所

建造物

日吉大社《ひよしたいしゃ》（西本宮本殿《にしほんぐうほんでん》、東本宮本殿《ひがしほんぐうほんでん》）

Data

制作年代：桃山時代・西本宮本殿1586年、東本宮本殿1595年
所蔵：滋賀県・日吉大社
国宝指定：1961年

滋賀県・比叡山《ひえいざん》を鎮守《ちんじゅ》する日吉大社《ひよしたいしゃ》は、延暦寺《えんりゃくじ》の強力な後ろ盾により発展してきた神社。そのため1571年の織田信長《おだのぶなが》による焼き討ちで狙われた要所でもあった。この焼き討ちでは、4日間にわたって延暦寺を中心に比叡山周辺の寺社が焼き尽くされた。その際、追われた延暦寺の僧兵や近隣の村人たちの最後の砦となったのが、この日吉大社であったと伝えられている。またこのとき、日吉大社もれなく一切が焼かれてしまっているため、現在建つ社殿は、後年に再建されたものである。

現在、日吉大社にある国宝建造物はふたつ。《西本宮本殿《にしほんぐうほんでん》》は1586年に、《東本宮本殿《ひがしほんぐうほんでん》》は1595年に、焼失前の姿を忠実に再現された。ふたつの本宮は、屋根の前面と左右両側面の三方に庇《ひさし》が付けられた「日吉造《ひよしづくり》」と呼ばれる建築様式が特徴。一見すると入母屋造《いりもやづくり》にも見えるこの独特な様式は、神仏習合《しんぶつしゅうごう》の信仰を反映した国内でも日吉大社唯一のもので、両本殿が国宝である理由のひとつとなっている。

西本宮本殿

入母屋造（いりもやづくり）の背面をバッサリと切り落としたようになった日吉造（ひよしづくり）が特徴の西本宮本殿。古くは北野天満宮や八坂（やさか）神社も同形式であったと考えられている。

東本宮本殿

両宮の本殿をひと目で見分けるのは難しいが、東本宮本殿は、背面の縁の中央部分が西本宮本殿よりも一段高くなっており、東本宮の方が古い様式だとされる。

絵画

地獄草紙《じごくぞうし》

鬼、猛獣、虫……罪人の末路

Data

形式：紙本著色、絵巻
制作年代：平安〜鎌倉時代・12〜13世紀
所蔵：奈良県・奈良国立博物館
国宝指定：1956年

国宝《地獄草紙《じごくぞうし》》は六道絵《ろくどうえ》（P.116）のひとつで、平安〜鎌倉時代に移り変わる不安定な状況を背景に制作された。詞書《ことばがき》（巻物のまえがき）には、十六小地獄《じゅうろくしょうじごく》とあり、ここから絵巻の内容が経典『起世経《きせいきょう》』にもとづくものだと認められる。

十六小地獄とは八大地獄《はちだいじごく》の周囲に付属する16の地獄のことで、この絵巻には、鬼に鉄の臼で碾《ひ》かれ続ける鉄磑地獄《てつがいじごく》、燃える巨大鶏に追われる鶏地獄《とりじごく》をはじめ、黒雲沙地獄《こくうんしゃじごく》、飢餓地獄《きがじごく》、膿血地獄《のうけつじごく》、孤狼地獄《ころうじごく》と、十六小地獄のうち7つの地獄が描かれている。

生前の悪しき行いによって地獄へ堕とされた罪人への、鬼や猛獣《もうじゅう》、悪虫《あくちゅう》などの容赦ない責《せ》め苦《く》の姿が表現され、混迷する時代の不安な世相が反映されている。前時代には、平等院が示すような極楽への憧憬《しょうけい》があったが、その反動とも言えるだろう。

ちなみに、アメリカのボストン美術館には、本巻の一部とされる絵巻が所蔵されているが、これは明治期に国外に流出してしまったものだ。

鶏地獄

生前、鳥獣を殺した者が堕ちる、炎を身にまとった巨大な鶏が大手をふるう「鶏地獄」は、そのタッチから宋風の作品を連想させる。

鉄磑地獄

「鉄磑地獄」は人の物を着服した者が堕ちるとされる地獄。全体に重厚でありつつ、穏やかさも共存している。またこの鉄磑地獄は、「中尊寺経見返絵」にも見られる。

六道絵《ろくどうえ》の世界とは？

「六道絵《ろくどうえ》」とは、六道、すなわち人間界をはじめ、地獄《じごく》、餓鬼《がき》、畜生《ちくしょう》、阿《あ》修羅《しゅら》、天《てん》の6種の世界に、衆生が生まれ変わりながら苦悩を受け続けるという、仏教の六道輪廻思想《ろくどうりんねしそう》にもとづく絵巻群の総称だ。

現存する六道絵には、「沙門地獄草紙《しゃもんじごくぞうし》」「餓鬼草紙《がきぞうし》」「辟邪絵《へきじゃえ》」「病草紙《やまいのそうし》」などがある。これらは12世紀後半の平安～鎌倉時代にかけ、後白河法皇《ごしらかわほうおう》の命により作成されたものとされる。国宝《地獄草紙《じごくぞうし》》（P.114）も六道絵の一部に相当するというのが有力だ。法皇は絵巻好きとして知られ、数多くの絵巻の制作に関わり、それらは蓮華王院宝蔵《れんげおういんほうぞう》に納められていた。

これら六道絵の絵巻群は、個々の作風は微妙に異なり、同一作者のものではないが、画面の大きさや構成、詞書《ことばがき》の書風など共通点を多く見出すことができ、同時期に制作された可能性が高い。

建造物

処刑された百姓の怨念が天守を傾けた!?

松本城《まつもとじょう》
(天守《てんしゅ》、乾小天守《いぬいこてんしゅ》、渡櫓《わたりやぐら》、辰巳附櫓《たつみつけやぐら》、月見櫓《つきみやぐら》)

Data

制作年代：桃山〜江戸時代・天守1615年頃、乾小天守1592年、渡櫓1615年、辰巳附櫓・月見櫓1624〜1643年

所蔵：国（文部科学省）

国宝指定：1952年

姫路城などと並び、現存する天守《てんしゅ》などでつとに有名な《松本城《まつもとじょう》》だが、意外にも正確な建築年はぼんやりとしている。天守、乾小天守《いぬいこてんしゅ》、それらをつなぐ渡櫓《わたりやぐら》は、慶長《けいちょう》年間《ねんかん》に竣工したとされるが、資料がないことから諸説ある。天守は、石垣の低さ、黒塗りされた板張りの五重構造、建物自体が比較的高い、などが特徴だ。これは、建築された時期に関係している。慶長年間は、天守が望楼型《ぼうろうがた》（下から上に細くなっていく形）から層塔型《そうとうがた》（下から上までほぼ同じ形）に変化してゆく過渡期。そして松本城は、この両方の特徴を備えているのである。こうした特徴が国宝たる理由だ。

松本城にまつわる恐ろしい逸話をひとつ。江戸時代の中頃、百姓一揆《ひゃくしょういっき》の首謀者として処刑された男が磔台《はりつけだい》から城を睨《にら》んだところ、突如地震が起きて天守閣が傾いたという。この話が語り継がれ、現在でも天守閣が傾いていると言われることがあるが、これについては定かではない。

松本城

明治の廃藩置県により、無用の長物となった各地の城が民間に売却され多くが取り壊された。松本城も例外ではなかったが、高額だったため売られずに済んだという。こうした危機を乗り越え、松本城は今なおその威容を保ち続けている。

絵画

高松塚古墳壁画《たかまつづかこふんへきが》

1300年の時を経て現代によみがえる「飛鳥美人」

Data

形式：漆喰地著色
制作年代：飛鳥〜奈良時代・7世紀末〜8世紀
所蔵：奈良県・高松塚壁画館、文化庁所管
国宝指定：1974年

1970年に奈良県明日香村《あすかむら》の村人に掘られた穴が、発見のきっかけとなった《高《たか》松塚《まつづか》古墳《こふん》壁画《へきが》》。これは「世紀の発見」と日本中大騒ぎになった国宝だ。

発見当時、東西北の壁画は良好な状態だった。しかし南壁は鎌倉時代の盗掘《とうくつ》による穴が開いていた。そのため、雨風と土砂により汚染され、漆喰《しっくい》が剥落《はくらく》し、壁画が見えないほど。保存対策は急務で、73年には対策のための寄付金付き切手も発売された。当時の切手の大流行もあり、寄付金は合計7億円にもなった。こうした寄付もあり、74年には極彩色壁画が国宝に指定され、保存のための施設ものちに建設されている。

壁画は、石室の内壁に漆喰が塗られ、その上に描かれている。天井には星宿図《せいしゅくず》（星座）、東、西、北の各壁には青竜《せいりゅう》、白虎《びゃっこ》、玄武《げんぶ》、また男女の群像が配され、壊れた南壁には朱雀《すざく》があったと考えられている。また一説には、壁画は古代中国の宇宙観を反映したものとされ、古墳もおそらく宮廷に関係する有力者の墓だとされている。

高松塚古墳壁画の女子群像
壁画西壁に描かれた女子群像は「飛鳥美人（あすかびじん）」とも呼ばれる。1974年以降も何度かカビや雨水による劣化が起きたため、2007年には石室ごと解体し壁画が修理された。現在は高松塚壁画館でレプリカが公開されている。

歴史のうねり編

建造物

徳川幕府誕生から終焉《しゅうえん》までを見守った

二《に》条城《じょうじょう》二《に》の丸《まる》御殿《ごてん》（遠侍《とおざむらい》及《およ》び車寄《くるまよせ》、式台《しきだい》、大広間《おおひろま》、蘇鉄之間《そてつのま》、黒書院《くろしょいん》、白書院《しろしょいん》）

Data

制作年代：江戸時代・1625～1626年
所蔵：京都府・京都市
国宝指定：1952年

京都にある国宝《二《に》条城《じょうじょう》二《に》の丸《まる》御殿《ごてん》》のなかで、もっとも広く、格式高い大広間は、1603年に徳川家康の将軍宣下《せんげ》の儀がとり行われた部屋だ。そして、それから約260年後の1867年10月に、15代将軍慶喜《よしのぶ》が諸藩の重臣を集め、大政奉還《たいせいほうかん》を表明した部屋でもある。この建物はまさに、徳川将軍家の盛衰を、ひとつの時代の始まりから終わりまでを見守り続けてきた、稀有《けう》な国宝建築なのである。

京都御所の南西ほど近くに築城された二条城は、庶民だけではなく、朝廷に対しても徳川将軍家の権勢を知らしめた徳川家の居館《きょかん》である。築城は1602年。関が原の合戦で家康が天下を取ってから、わずか2年後のことであった。

国宝に指定されているのは二の丸御殿のみで、徳川家の京都における宿館《しゅくかん》として、二条城の中核をなす邸宅建築物だった。この御殿は遠侍《とおざむらい》、式台《しきだい》、大広間、蘇鉄《そてつ》之間、黒書院《くろしょいん》、白書院《しろしょいん》の6棟が東南から北西の方向に建ち並んでいる。

これらは、江戸初期の典型的な住宅様式で「書院造《しょいんづくり》」と呼ばれる様式で建てられている。同時代のものとしては最大級の荘厳な唐門をはじめ、内装を見れば大家・狩野《かのう》派《は》の狩野興以《かのうこうい》、探幽《たんゆう》、尚信《なおのぶ》らによるラグジュアリー感満点の障壁画《しょうへきが》など、徳川将軍家の絶大な権威をこれでもかと誇示している。国宝ではないが、庭園も抜かりなく大名茶人・小堀遠州《こぼりえんしゅう》の作庭とされている。

大広間
最後の徳川将軍・慶喜が大政奉還を発表した二の丸御殿大広間。広さ48畳の一の間と、44畳の二の間からなり、写真の最奥、最上段である床の間には将軍が座った。諸大名の座る場所は位ごとに決められていた。

車寄
門を抜けると見える二の丸御殿の車寄。二の丸御殿は、創建時には柿葺（こけらぶき）の屋根だったが、1686 年に本瓦葺（ほんかわらぶき）の屋根に改修された。その後も幾度か大改修されている。

式台
参上した大名が老中職とあいさつを交わした式台の間。将軍への献上品はこの部屋で取り次がれた。襖絵は狩野探幽が描いたものとされている。

弥生人の暮らしを今に伝える

袈裟《けさ》襷《だすき》文《もん》銅鐸《どうたく》〈桜《さくら》ヶ《が》丘《おか》5号《ごう》銅鐸《どうたく》〉

Data

制作年代：弥生時代・紀元前1～1世紀
所蔵：兵庫県・神戸市立博物館
国宝指定：1970年

1964年に出土したこの国宝《袈裟《けさ》襷《だすき》文《もん》銅鐸《どうたく》》は、神戸市灘《なだ》区桜ヶ丘町で見つかった。同一地点からは、流水文を描いた《流水文銅鐸》を含め、計14口の銅鐸《どうたく》と7口の銅戈《どうか》も出土している。このようにまとまった出土例は少なく、弥生期の「クニ」（国未満の大規模集落）の存在を明らかにするという意味でも、きわめて貴重なものだ。

銅鐸の使用方法などはまだ不明だが、2015年には兵庫県の淡路島から出土した別の銅鐸に、ぶら下げて使用したことを示すひもと、ひもを結んだ痕跡《こんせき》が初めて見つかり、祭事などで打ち鳴らされていたのではないかという見方が強まっている。稲作農耕が始まったのも、ちょうど弥生時代の頃。米を収穫し、秋の実りに感謝をささげ、農耕讃歌の意味合いを込め、この銅鐸が鳴らされていたというわけだ。

なおこの銅鐸には、袈裟《けさ》襷《だすき》文様《もんよう》（僧侶の衣のような模様）で分けた4区画に、動物や道具を持つ人が鋳出《いだ》され、弥生の生活と思われる絵が描かれている。

袈裟襷文銅鐸
出土品のうち、袈裟襷文銅鐸が11 口、流水文銅鐸は 3 口。そのなかで両面に絵があるものは、桜ヶ丘4号銅鐸と5号銅鐸の 2 口のみ。

歴史資料

一歩一歩歩いて測量　55歳からの挑戦
伊能忠敬関係資料《いのうただたかかんけいしりょう》

伊能忠敬《いのうただたか》は、１７４５年に生まれ、人生の大半を商人として生きた。だが隠居後の１８００年、55歳になった彼はそれまでの一切をかえりみず、〝日本地図〟の制作という事業を開始する。その後16年かけ、彼は測量隊を率いて10度にわたり日本全国の測量を重ね、日本初の実測による日本地図を描いたのであった。こうして描かれた地図群「伊能図」は、天体観測によるデータと実測数値により、非常に精度の高いものだった。幕末に日本沿海を調査したイギリス測量艦隊が、伊能図を見てその精度の高さに驚き、自分たちの調査を中止したという逸話も残っているほどだ。

そんな測量家・伊能忠敬にまつわる国宝が《伊能忠敬関係資料《いのうただたかかんけいしりょう》》で、その名のとおり、彼に関する歴史資料群だ。資料点数は膨大で、地図・絵図、文書・記録、器具などの２３４５点からなる国宝。忠敬の学問、地図制作の具体的方法のみならず、生涯の事績を多面的に伝えるものとして、２０１０年に国宝指定された。

Data

制作年代：江戸時代・18～19世紀
所蔵：千葉県・伊能忠敬記念館
国宝指定：２０１０年

伊能忠敬唯一の肖像画

忠敬の弟子の青木勝次郎（あおきかつじろう）が描いたものと考えられている。忠敬の死後、孫の忠誨（ただのり）が225枚の地図を幕府に献上するときに描かせた。

高象限儀

東日本半部沿海図（一部）

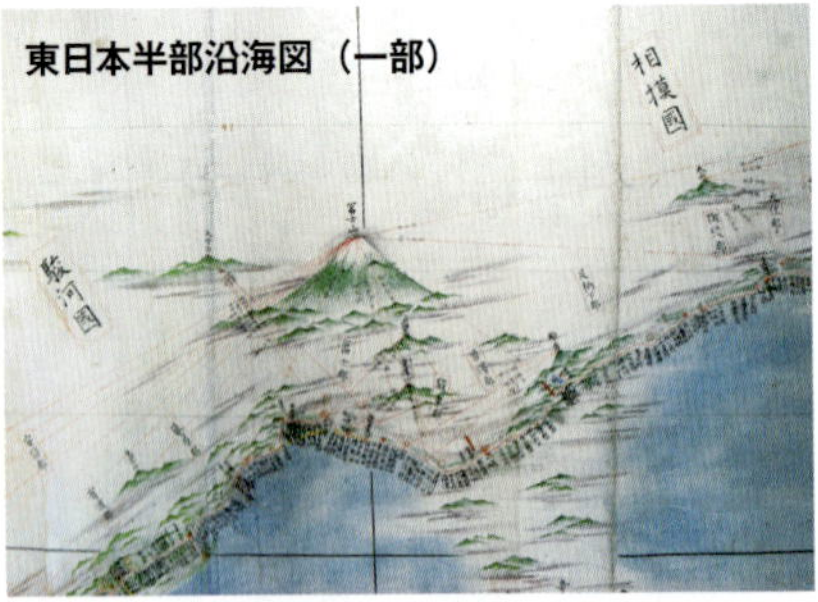

左：高象限儀（こうしょうげんぎ）と呼ばれる天体観測器具で、測量地の緯度を求めるために、北極星などの高度を観測した。これに望遠鏡を設置し、天体観測を行った。
右：1804年に描かれた富士山付近の地図。地図は大中小３種類の縮尺で描かれ、これは中サイズの縮尺21万6千分の１の地図。

建造物

隠れキリシタンの歴史 日本最古の教会建築

大浦天主堂《おおうらてんしゅどう》

Data
制作年代：江戸時代・1865年
所蔵：長崎県・カトリック長崎大司教区
国宝指定：1953年

異国情緒漂う長崎の地に建つ《大浦天主堂《おおうらてんしゅどう》》は、正式には「日本二十六聖殉教者天主堂《にほんにじゅうろくせいじゅんきょうしゃてんしゅどう》」という。1597年、長崎・西坂《にしざか》の丘で日本初の殉教者となった二十六聖人たちに捧げて建築された。日本の工匠が洋風建築を手がけた最初期の例として国宝となっており、現存する日本最古の教会堂でもある。

設計者はフランス人のジラールとフューレというふたりの神父で、プティジャン神父の指導のもと、熊本県天草出身の大工棟梁《とうりょう》・小山秀之進《こやまひでのしん》が建設を手がけ、1865年に完成した。当初は3つの塔がゴシック風、正面中央の壁面はバロック風、外壁はナマコ壁という非常に変わった様式だった。しかし1879年には信徒の増加により改修され、外壁がレンガ造りになり、現在の完全なゴシック様式となった。

1945年には長崎への原爆投下の被害を受けたものの、52年に無事修復。周辺にはグラバー邸などの洋風建築も立ち並ぶが、天主堂の昂然たる姿は格別なものだ。

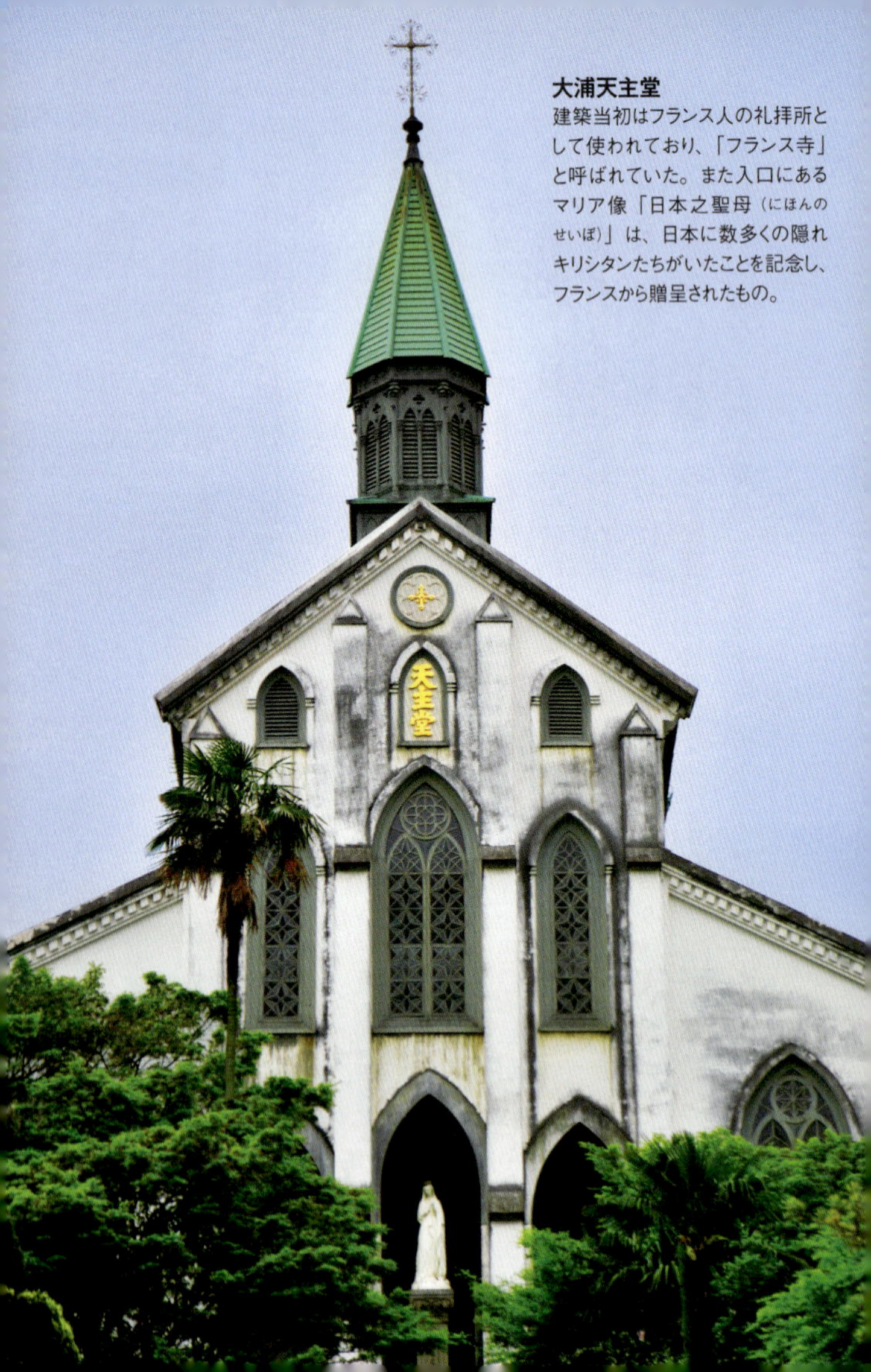

大浦天主堂

建築当初はフランス人の礼拝所として使われており、「フランス寺」と呼ばれていた。また入口にあるマリア像「日本之聖母（にほんのせいぼ）」は、日本に数多くの隠れキリシタンたちがいたことを記念し、フランスから贈呈されたもの。

古文書

足利義満の直筆や織田信長の書状もある！

東寺百合文書《とうじひゃくごうもんじょ》（二万四千六十七通）

Data

制作年代：奈良時代〜江戸時代・8〜18世紀
所蔵：京都府・京都府立総合資料館
国宝指定：1997年

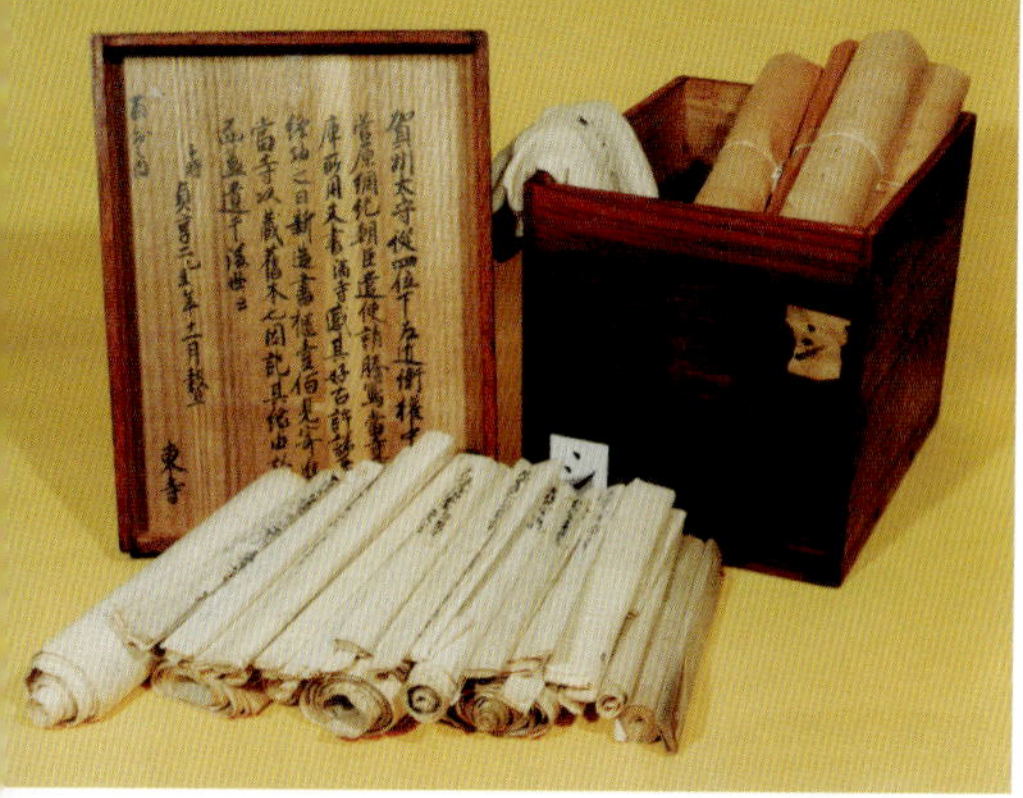

東寺百合文書　仏教、寺院、寺院制度の歴史、中世社会の実態が詳しく書かれた古文書。

東寺《とうじ》百合文書《ひゃくごうもんじょ》は、京都府・東寺に伝えられた約2万5千通もの膨大《ぼうだい》な量の古文書群。8世紀から18世紀までの、約1千年分の国宝文書だ。

100の桐箱に納められていたためこの名で呼ばれ、和紙に墨で書かれた文書の内容は、宗教行事や荘園《しょうえん》経営、朝廷、幕府の公文書など広汎にわたり、半数程度は書かれた当時のままだ。

真言宗の本拠である東寺に残された史料ということで、宗教的価値も高いが、都市史や荘園史、法制史、経済史、建築史、美術史、民衆生活を知るうえでも、きわめて貴重な国宝である。

建造物

文明開化を象徴する和洋折衷建築

旧東宮御所《きゅうとうぐうごしょ》
〈迎賓館赤坂離宮《げいひんかんあかさかりきゅう》〉

Data

制作年代：明治時代・1909年
所蔵：東京都・内閣府
国宝指定：2009年

紀州《きしゅう》徳川家《とくがわけ》の江戸中屋敷の敷地跡に建つ旧東宮御所《きゅうとうぐうごしょ》は、建築家ジョサイア・コンドルの弟子、片山東熊《かたやまとうくま》が設計した、ネオ・バロック様式の建築物だ。10年もの歳月をかけ、1909年に完成した。

皇太子（のちの大正天皇）の住居として建てられたものの、折りしも日露戦争の動乱期であったために使用されることはなく、結局は昭和天皇が短期間だけ住まわれたにすぎなかった。

ベルサイユ宮殿など西洋建

旧東宮御所
建物だけでなく、門の装飾にも和洋折衷の特徴が見られる。幾度か大改修が行われているが、本館や主庭噴水池などは完成当時のままの姿を保つ。荘厳な美しさから「日本のベルサイユ」とも称される。

築をモチーフにした本格的西洋建築でありながら、屋根には甲冑姿《かっちゅうすがた》の武将を置くなど日本の工芸技術もふんだんに使用されている。その重厚かつ美麗な姿は和洋折衷の美の極みというべきものだ。

「迎賓館《げいひんかん》赤坂離宮《あかさかりきゅう》」とも呼ばれるように、戦後は、海外からの賓客《ひんきゃく》などを招いて晩餐会《ばんさんかい》を催したり、各国の首脳会議や国際会議などにも使用されるなどしている。そのため、わが国の政治的にも非常に重要な建築物となっている。

建造物

国宝の歴史はここから始まった……フェノロサによって開かれた扉

法隆寺東院夢殿《ほうりゅうじとういんゆめどの》

Data

制作年代：奈良時代・739年
所蔵：奈良県・法隆寺
国宝指定：1951年

《法隆寺東院夢殿《ほうりゅうじとういんゆめどの》》と切り離せない人物といえば、明治期にアメリカから来日したお雇い外国人、アーネスト・フェノロサがいる。夢殿を強引に開扉し、秘仏だった《観《かん》音《のん》菩《ぼ》薩《さつ》立像《りゅうぞう》〈救世観音《ぐぜかんのん》〉》を白日の下にさらした彼は多くの批判も受けたが、彼がいたからこそ〝国宝〟という概念が定着し、文化財保護の考え方が根づいたのであった。

さて、聖徳太子《しょうとくたいし》が建立したと伝えられる法隆寺は、世界最古の木造建築で、伽藍《がらん》は西院《さいいん》と東院《とういん》に分かれる。西院は710年ごろの建築で、金堂《こんどう》、五重塔《ごじゅうのとう》、南大門《なんだいもん》などが建つ。もう一方の東院の建立は739年と『法隆寺東院縁起《ほうりゅうじとういんえんぎ》』に記され、東院の中心的建築物八角堂《はっかくどう》＝夢殿《ゆめどの》も、おそらく同時期の建築と考えられる。堂内の内陣には、聖徳太子をあらわした本尊・救世観音が厨子《ずし》に納められ、左側に道詮《どうせん》像、右側に行信《ぎょうしん》像が安置される。建築様式の特徴としては、わずかに内側に傾く「内転び《うちころび》」と呼ばれる柱があるが、これは中国由来の建築様式で、古代建築によく見られるもの。

法隆寺東院夢殿
夢殿は鎌倉期に大きな修復が行われている。内陣に天井が張られたり、屋根もより厚く丈夫なものになった。現在見ることができるのは、鎌倉時代以降の夢殿の姿で、こうした修復の詳細は、1937年の解体修理で確認された。

〝国宝〟誕生の歴史

〝国宝〟が文字どおり「国の宝」として保護されるようになったのは、そう昔のことではない。多くの国宝は古くから信仰の対象として、宗教の神体として崇《あが》められてきた。しかし、それを芸術品として保護しようという考えが生まれたのは、明治時代に入ってからのことだった。

日本の文化財保護の端緒《たんしょ》となったのは、幕末から明治にかけて日本に多くやってきた〝お雇い外国人〟のひとり、アーネスト・F・フェノロサだった。政治・経済、哲学の専門家で美術にも造詣《ぞうけい》の深かったフェノロサは、来日後、東大で講師を務める傍《かたわ》ら、日本美術に並々ならぬ関心を寄せる。

一方、当時の日本では、明治新政府による神仏分離令《しんぶつぶんりれい》、神道国教化政策《しんとうこっきょうかせいさく》によって古くから伝わる仏像や経典、仏画が焼かれるなどの廃仏毀釈《はいぶつきしゃく》運動が盛んになっていた。これに身分階級制度の変化などで困窮《こんきゅう》した士族が古美術品を海外へ売却するという事態が重なり、日本の文化財は危機的状況にあった。フェノロサは、歴史ある文化財を宗教的観点や装飾品としての価値でしか測らず、盲目的に西洋文化に憧憬《しょうけい》を抱く日本人に、自国の先人が築いてきた文化を誇るように警鐘を鳴らし続けた。

東大講師時代のフェノロサの助手となったのが、のちに日本美術の再興に大きく寄与することになる岡倉天心《おかくらてんしん》。もうひとり、日本美術の復権に尽力したのが、若き日にフランスで西洋美術、行政に触れた官僚・政治家、九鬼《くき》隆一《りゅういち》だ。九鬼は、フェノロサや岡倉の研究を積極的に支援し、宮内省《くないしょう》に古美術保護をはたらきかけ、文化財保護の実現に奔走《ほんそう》したのであった。

法隆寺夢殿開帳　国宝という概念の誕生

九鬼の助力もあり、公的な宝物調査団として京都、奈良などの寺社を調査したフェノロサと岡倉は、1881年、絶対秘仏とされてきた《法隆寺《ほうりゅうじ》東院夢殿《とういんゆめどの》》（P.134）の《観音菩薩立像〈救世観音《ぐぜかんのん》〉》の開帳という歴史的な出来事を実現させる。聖徳太子を写したとされる観音像は、固く閉ざされた門扉に守られ、法隆寺の僧侶でさえも拝することのできないものだった。寺僧たちは言い伝えにある災いを恐れ、封印を解くことを拒《こば》んだが、ついにはフェノロサの説得に応じ、扉が開け放たれ、堆積《たいせき》した厚い埃《ほこり》と布の下から救世観音が姿をあらわした。フェノロサは『東亜美術史綱《とうあびじゅつしこう》』のなかで、この救世観音を「驚嘆すべき無二の彫像」と表現している。

またフェノロサは、美術品としての価値や歴史、仏教の教義上の重要性など、すべての要素を深く理解した上で日本の文化財を評価し、〝国宝〟(National Treasure) という概念を生み出した人物でもあった。

文化財保護に関する法整備の歩み

1871年、わが国最初の文化財保護政策でもある【古器旧物保存方《こききゅうぶつほぞんかた》】の成立から、フェノロサ、岡倉、九鬼らの尽力を経て、1897年、【古社寺保存法《こしゃじほぞんほう》】が制定される。その後、【史蹟名勝天然紀念物保存法《しせきめいしょうてんねんきねんぶつほぞんほう》】(1919年)

アーネスト・F・フェノロサ
日本画の大家、狩野派に師事し、
日本文化をこよなく愛した。

岡倉天心
フェノロサの通訳兼助手となり、
近代日本美術の発展に寄与した。

が制定され、1929年には【古社寺保存法】に代わり【国宝《こくほう》保《ほ》存法《ぞんぽう》】が制定。海外流出を防ぐ目的で【重要《じゅうよう》美《び》術品等《じゅつひんとう》ノ保存《ほぞん》ニ関《かん》スル法律《ほうりつ》】が制定され、文化財保護の法整備は進んでいった。

そして1950年5月、【文《ぶん》化《か》財《ざい》保《ほ》護《ご》法《ほう》】が成立する。この前年に起きた、法隆寺金堂火災による壁画焼失がきっかけとなり、それまでの文化財保護に関する法律を統合・強化するかたちで、改正整備されながら現行法案として機能している。

【文化財保護法】成立に至るまで

1871年

古器旧物保存方

初の文化財関連の法令で、神仏分離令（1868年）の影響による資料の散逸・破壊を防ぐため全国的に古器旧物類（古い文化財）の保全を布告し、品目、所蔵者を調査し、政府に報告させた。

1897年

古社寺保存法

1871年の調査結果をふまえて制定され、日本初の古社寺の文化財指定が行われた。指定品の処分の禁止や刑罰などを設け、修理が難しい所蔵者には補助金を出すなどした。

1929年

国宝保存法

いわゆる【旧国宝保存法】。旧大名家の宝物の散逸防止や、放置されていた城郭などを保護する必要性から制定された。また、【古社寺保存法】は廃止され、社寺所蔵以外の絵画、書跡なども国宝指定が進み、輸出も禁じられた。

1933年

重要美術品等ノ保存ニ関スル法律

国内古美術品の海外流出を防止するために制定。歴史・美術上とくに重要な価値があると認められる重要美術品の輸出は、主務大臣の許可が必要となるというもの。

1950年

文化財保護法

戦前の【国宝保存法】を大きく見直すかたちで制定。有形文化財のうち重要なものを重文に指定でき、重文、国宝の２段階での指定や、無形文化財も保護の対象に加えたことが大きな特徴。

第4章

まだまだある!! 厳選国宝！

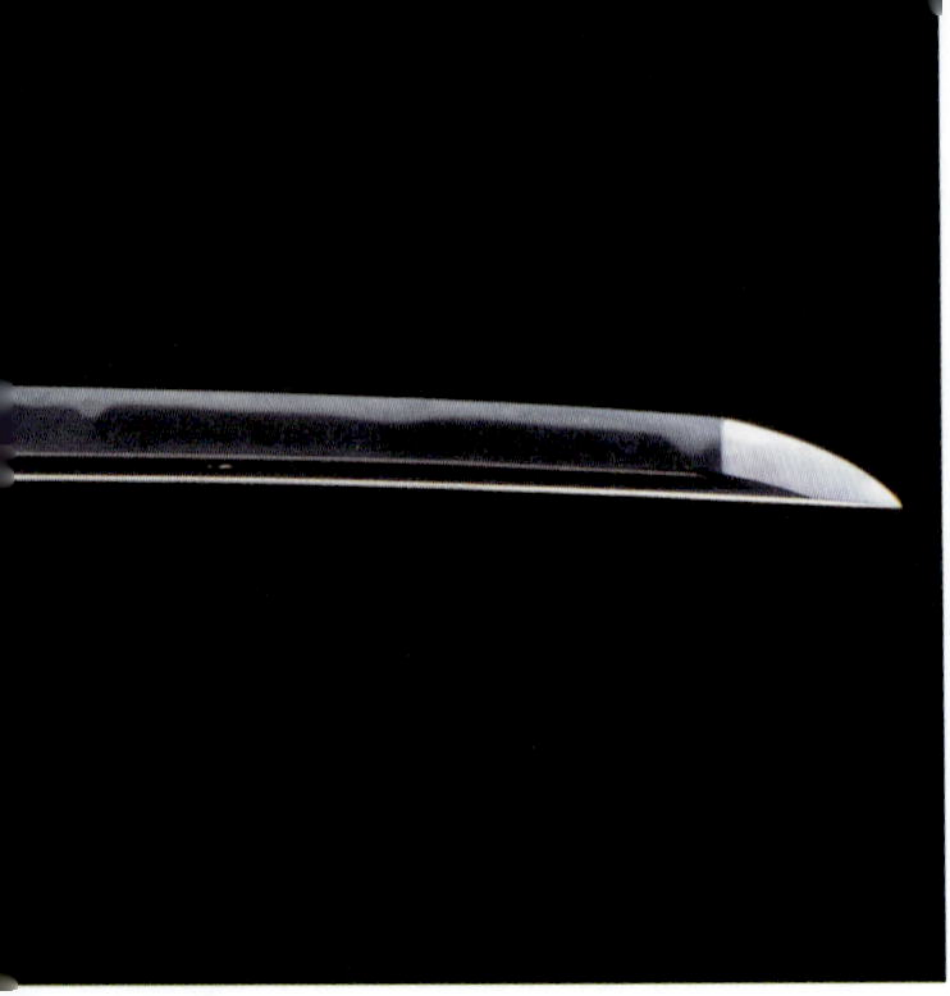

工芸品

織田信長・三大愛刀のひと振り
刀《かたな》〈名物《めいぶつ》へし切《きり》〉

Data
作者：長谷部国重
制作年代：南北朝時代・14世紀
所蔵：福岡県・福岡市博物館
国宝指定：1953年

《刀《かたな》・名物《めいぶつ》へし切《きり》》は織田信長が所有していた愛刀のひとつ。「へし切」とは、押し付けて切ることをいう。

『黒田家《くろだけ》御《ご》重宝《じゅうほう》故実《こじつ》』には、信長がこの刀を所持していたとき、無礼をはたらいて台所の膳棚《ぜんだな》（食器を載せる棚）の下に隠れた観内《かんない》という茶坊主を、信長が膳棚ごとこの刀でへし切った、または膳棚の下にこの刀を差し入れてへし切ったという伝説が名の由来。ふつう刀は、引くか、押し上げて切るものなので、へし切ることは難しい。それだけこの刀が鋭

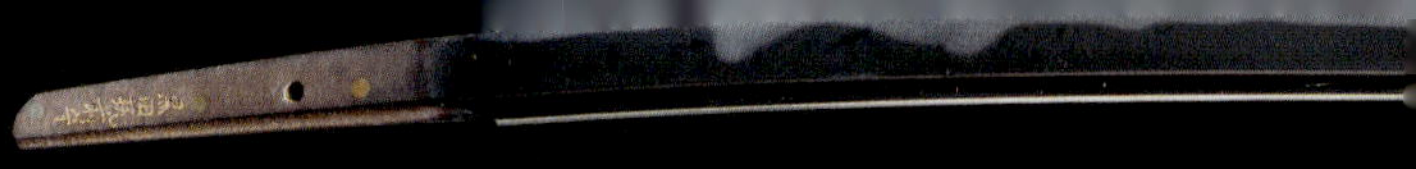

刀〈名物へし切〉
光徳が銘を入れた数少ない刀剣のひとつで、古来から名物として名高い。刀身の刃部だけでなく、平地（ひらじ）・鎬地（しのぎじ）・棟（むね）の各部（刃より下の部分）も焼入れされた「皆焼（ひたつら）」と呼ばれる技法による刃文が特徴だ。

い切れ味だったということだ。

その後、信長が中国地方の毛利氏との戦いにおいての献策を賞し、黒田如水《くろだじょすい》（官兵衛）に下賜したと言われるが、豊臣秀吉から官兵衛の子、長政《ながまさ》に与えられたという説もある。以降、黒田家に伝わった。

桃山時代の刀剣鑑定家である本阿弥光徳《ほんあみこうとく》の鑑定によると、長谷部国重《はせべくにしげ》の作とされ、茎《なかご》の表に「黒田筑前守《くろだちくぜんのかみ》」、裏に「長谷部国重本《はせべくにしげほん》阿《あ》」と金で銘《めい》が入れられた。黒田筑前守とは初代福岡藩主である黒田長政のことだ。

また、作者とされる国重は「正宗十哲《まさむねじってつ》」（相州正宗《そうしゅうまさむね》の門人《もんじん》の十工）のうちのひとりで、鎌倉末期～南北朝時代に活躍した山城《やましろ》（現・京都府）の刀工だ。

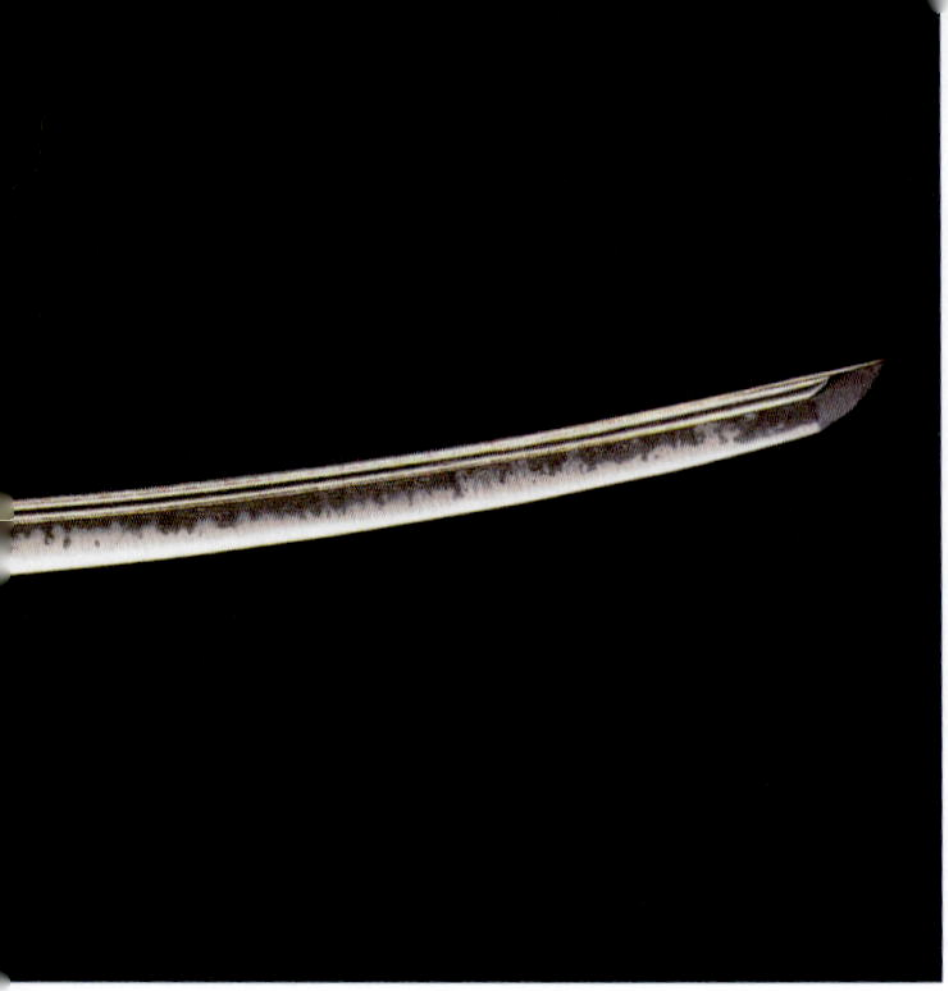

人物
ゆかり編

工芸品

上杉謙信・景勝親子も携えた

太刀《たち》・無銘一文字《むめいいちもんじ》〈山鳥毛《やまとりげ》〉

上杉謙信《うえすぎけんしん》、景勝《かげかつ》親子の愛刀として上杉家に伝わった《太刀《たち》・無銘一文字《むめいいちもんじ》〈山鳥毛《やまとりげ》〉》。この太刀は、鎌倉時代中期に活躍した備前《びぜん》（現・岡山県南東部の一帯）の一文字派《いちもんじは》がつくった刀のなかでも、最高傑作と誉《ほま》れ高い。

山鳥の羽毛のように大きく乱れた躍動感ある独特な刃の文様（刃文）から「山鳥毛」と言われる。刃文を構成する細かな粒子は「匂《におい》」と呼ばれ、この匂による華やかな文様が、備前鍛冶の特徴。とくに山鳥毛のきらびやかな刃文は、再現不能の妙技とされる。

Data

作者：一文字派
制作年代：鎌倉時代・13世紀
所蔵：岡山県・個人、岡山県立博物館保管
国宝指定：1952年

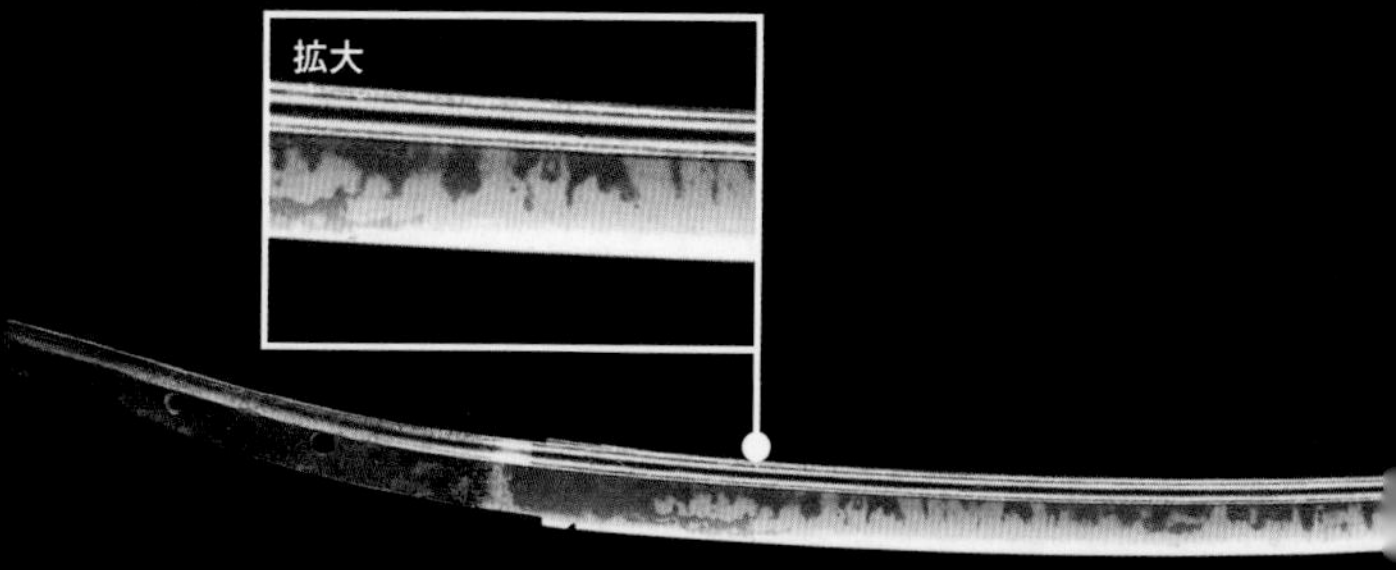

太刀・無銘一文字〈山鳥毛〉
備前一文字派盛期の名刀。無銘で、作者は不明だが、一文字派のなかでも最高の技をもった刀工の作とされる。戦後は上杉家を出て個人の手にわたり、現在は岡山県立博物館が保管する。

また、身幅が広く、刃長79・5センチ、反り3・4センチと大きいため、堂々とした風格もこの太刀の魅力だ。

この太刀は、1556年に謙信が上州白井《じょうしゅうしろい》（現・群馬県）に出陣した際に、白井城主・長《なが》尾《お》憲景《のりかげ》から献上されたものという。のちに謙信の養子・景勝がまとめた『腰物目録《こしものもくろく》』に「山てうまう」とあり、「上秘蔵《じょうひぞう》」という特別な扱いで記されている。

山鳥毛には、鐔《つば》のない「合口拵《あいくちこしらえ》」が附属しており、刀身を中に入れて閉じると鞘《さや》の口金と鞘の縁金《ふちかね》がぴったりと重なるようになっている。こうした拵《こしらえ》は短刀によく見られるものだが、謙信が合口拵を好んだため上杉家独自の様式となったとみられる。

人物ゆかり編

工芸品

源義経が奉納した!? 日本でもっとも有名な鎧

赤絲威鎧《あかいとおどしよろい》（兜《かぶと》、大袖付《おおそでつき》）

Data

制作年代：鎌倉時代・14世紀
所蔵：奈良県・春日大社
国宝指定：1951年

武具では、刀剣が30件以上も国宝に指定されているが、甲冑《かっちゅう》も15件と意外と多い。春日大社の《赤絲威鎧《あかいとおどしよろい》》はその代表格だ。

まず目を見張るのは、兜《かぶと》から大きく広がる金銅大鍬形《こんどうおおくわがた》と、両袖に打たれた竹と虎の大金物《おおかなもの》。基調となる竹と雀、藤・桐・菊・蝶などを取り混ぜた透彫《すかしぼ》り金物も秀逸だ。そして全体は、燃えるような茜色で染められた絹糸の組ひもで威《おど》され（つづられ）ている。こうした豪壮な装飾と、緻密な金銅細工《こんどうさいく》こそが、この甲冑の威名を高めている所以《ゆえん》だ。しかしその一方で、こうした装飾により重量が増し、柔軟さを失い動きにくくなっており、明らかに実用的ではない。

この甲冑の伝来は不明な点が多いが、こうした機能面からも、祭礼や奉納を目的としてつくられた可能性が高い。伝説では源義経《みなもとのよしつね》が奉納したとされるが、1792年に起きた境内の一部での火災時の混乱で、その伝来経緯も分からなくなった。

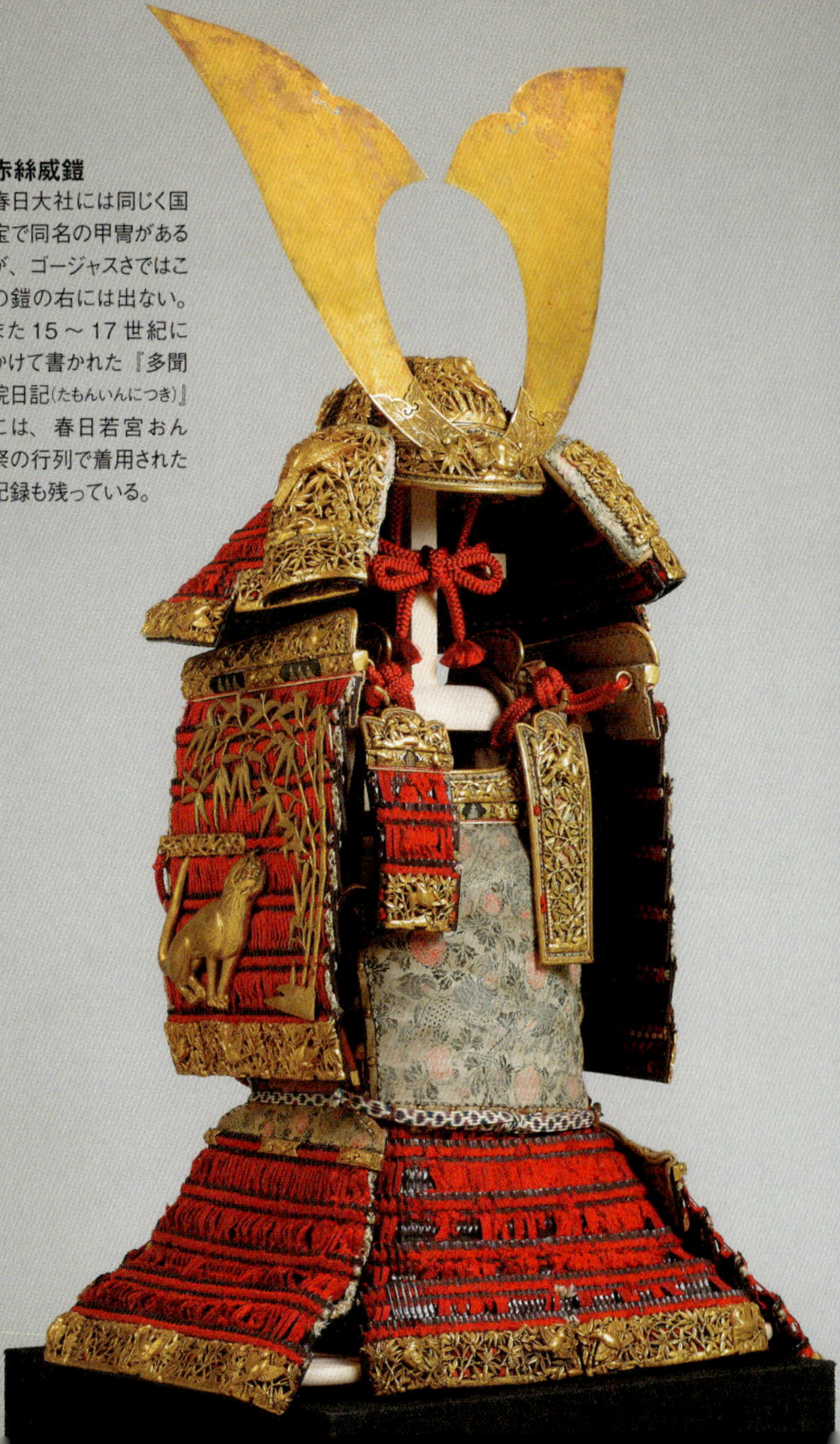

赤絲威鎧
春日大社には同じく国宝で同名の甲冑があるが、ゴージャスさではこの鎧の右には出ない。また 15 ～ 17 世紀にかけて書かれた『多聞院日記(たもんいんにつき)』には、春日若宮おん祭の行列で着用された記録も残っている。

人物
ゆかり編

工芸品

源氏相伝、戦国の雄・武田信玄もこの鎧で戦った!?

小《こ》桜《ざくら》韋《かわ》威《おどし》鎧《よろい》（兜《かぶと》、大《おお》袖《そで》付《つき》）

Data
制作年代：平安時代・12世紀
所蔵：山梨県・菅田天神社
国宝指定：1952年

この国宝《小《こ》桜《ざくら》韋《かわ》威《おどし》鎧《よろい》》は、甲斐《かい》（現在の山梨県）の武田氏に代々受け継がれてきた源氏相伝の鎧だ。一般には「盾無《たてなし》の鎧」と呼ばれるが、読んで字のごとく「盾がいらないほど堅固な鎧」という意味からつけられた名。江戸時代後期に編纂《へんさん》された『甲斐国志《かいこくし》』には、武田信玄が鬼門除《きもんよけ》（災難除け）のために菅田天神社《かんだてんじんしゃ》に奉納したと書かれるが、残念ながら信玄自身がこの甲冑を身につけて戦ったわけではないようだ。

信玄亡き後は、その子・勝頼《かつより》が長篠《ながしの》の戦いで信長・家康の連合軍に敗れ、武田氏が滅亡した際に、家臣が向嶽寺《こうがくじ》（山梨県）の木の下に埋めた。それを家康が掘り起こし、再び菅田天神社に納めたと伝えられている。さらに、その後盗難に遭い、発見されるも破損が激しく、江戸期に2度も修理されるなど、波乱の伝来事情をもつ。

なお、鎧の冠板《かむりいた》の形状が『伴大納言絵巻《ばんだいなごんえまき》』にも描かれる平安時代の流行の形であるため、制作はそれ以前、甲斐源氏の祖である清和天皇《せいわてんのう》の代（平安初期）とされる。

小桜韋威鎧
甲冑を形成する「札（さね）」と呼ばれる黒漆塗の鉄や革の小さな板をつづる威は、小桜文を藍で染めたのちに、さらに黄色を染め重ねた小桜黄返韋になっている。大袖の上の冠板の山形は、平安末期の流行を伝える現存唯一のものだ。

人物ゆかり編

工芸品

こんなものまで国宝？　源頼朝が奉納した〝おみこし〟

塵地螺鈿金銅装神輿《ちりじらでんこんどうそうしんよ》

Data
制作年代：鎌倉時代・12世紀
所蔵：大阪府・誉田八幡宮
国宝指定：1956年

1千件を超える国宝だが、「こんなものまで？」と驚くようなものもある。その代表的なものが、この《塵地螺鈿金銅装神輿《ちりじらでんこんどうそうしんよ》》だ。名称どおり、お祭りなどで見る〝おみこし〟である。国宝に指定されている神輿《みこし》はたった2件で、和歌山県の鞆淵八幡神社《ともぶちはちまんじんじゃ》が所蔵する国宝《沃懸地螺鈿金銅装神輿《いかけじらでんこんどうそうしんよ》》とともに、古様《こよう》神輿の双璧をなす。

さて、この神輿の伝来経緯だが、1196年に源頼朝《みなもとのよりとも》によって誉田八幡宮《こんだはちまんぐう》の社殿が建立された。その際、薙刀《なぎなた》や神馬《しんめ》など多くの品が奉納されたが、そのなかにこの神輿も含まれていたと伝えられる。そもそも神輿とは、神霊が現世に渡ってくるための乗り物。御神体を運ぶ役割をもち、その形は、天皇の乗り物である「鳳輦《ほうれん》」（屋根に鳳凰《ほうおう》の飾りのある天子《てんし》の車）にルーツをもつ。この国宝神輿もまた、その形式に忠実で、鎌倉時代の工芸職人の熟練技術を結集して制作された。古典的神輿の最高傑作と言われ、随所に豪勢な装飾がほどこされ、絢爛豪華《けんらんごうか》な神輿となっている。

塵地螺鈿金銅装神輿

頂上に据えられた黄金の鳳凰、金銅張りの屋根、軸部に蒔かれた金粉、黒漆を塗り研ぎ出した塵地、宝相華文（ほうそうげもん）の螺鈿細工、屋根の先端の蕨手（わらびて）からはきらびやかな幡が下がるなど、数々の装飾で彩られている。

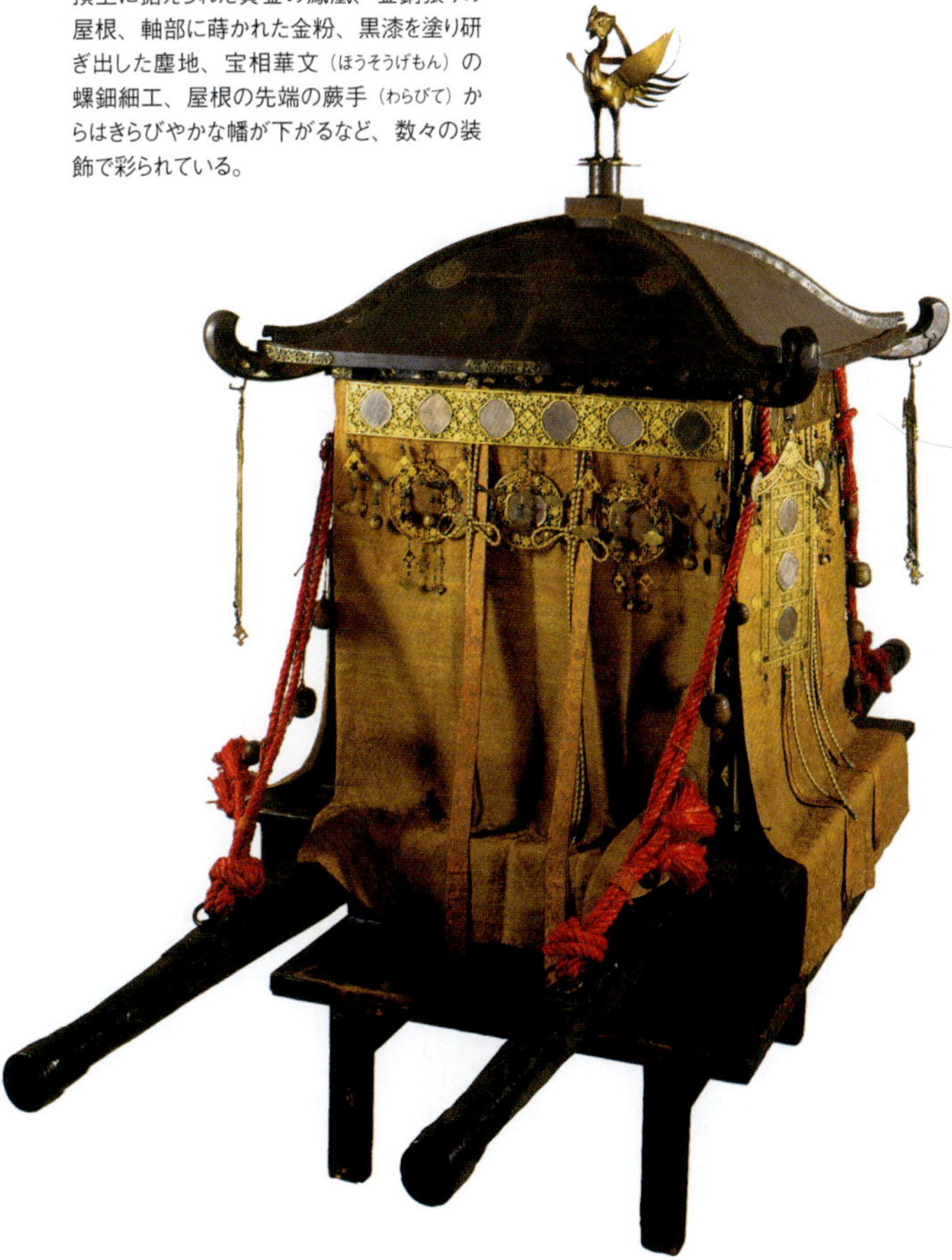

人物
ゆかり編

建造物

如庵《じょあん》

信長の実弟・長益がつくった引っ越し魔の茶室

Data
作者：織田有楽斎
制作年代：江戸時代・1618年頃
所蔵：愛知県・名鉄犬山ホテル有楽苑
国宝指定：1951年

織田信長には、13も年の離れた弟・織田長益《ながます》がいた。長益は、信長、豊臣秀吉、徳川家康に仕え、偉大な3武将全員を腹心として支えた戦国武将だ。

彼の出自と経歴だけを聞けば、長益もさぞ豪快で腕っぷしの強い有能な武将のように思われそうなものだが、彼は若くから茶の湯を好み、直接千利休《せんのりきゅう》から学ぶという洗練された趣味をもつ人でもあった。その茶人っぷりは「有楽流《うらくりゅう》」と呼ばれる一派を開いたほどで、自身を「有楽斎如庵《うらくさいじょあん》」と号し、茶室もいくつか残している。なかでも《如庵《じょあん》》は、国宝として、今なお茶人のみならず多くの人に愛されている。

現在、国宝の茶室は3件で、《待庵《たいあん》》と《密庵《みったん》》は京都にある。《如庵》はといえば、引っ越し国宝としても有名だ。最初は京都・建仁寺《けんにんじ》に建てられたが、その3年後に長益は逝去。そこから、1908年に東京麻布の三井家本邸、その30年後に神奈川へと移築。そして、72年に愛知県の有楽苑《うらくえん》にようやく落ち着き、今に至っている。

如庵の内観

各室には、創建後に描かれたとされる狩野山雪（かのうさんせつ）・永真（えいしん）・常信（つねのぶ）らの襖絵が残っている。

外から見た如庵

「有楽窓（うらくまど）」と呼ばれる竹連子（たけれんじ）を詰めた窓の採光により、抹茶席としては明るく開放的。その独創的な部屋の構成から「袴腰（えりこし）の数寄屋」と呼ばれた。

茶の湯文化と茶道具

抹茶を茶筅《ちゃせん》で点《た》てる、「茶の湯」文化が国内にもたらされたのは鎌倉期。中国から戻った僧によって持ち帰られた。その後室町時代に入ると、本場中国の「唐物《からもの》」を使った盛大な茶会が大名のあいだで流行する。この趨勢《すうせい》は、応仁の乱で社会が混乱に陥る15世紀中頃まで続くことになる。

その一方、村田珠光《むらたじゅこう》は「和漢のさかいをまぎらわす」と唐物一辺倒の茶の世界に和物を持ち込み、茶会のあり方として亭主と客の精神交流を重視することを説いた。これがのちに、千利休《せんのりきゅう》によって「侘《わ》び茶」として大成されるものの源流となった。侘び茶の特徴は、それまでの唐物を飾り立てた豪華な書院の茶に対し、簡素な茶室を重んじるもの。茶道具もそれまで軽視された掛物、とくに墨蹟《ぼくせき》を第一とし、碗《わん》なども歴史ある唐物ではなく当世の和物を使用。これは「利休好み」と呼ばれ定番となり、以後、古田《ふるた》

卯花墻は初期の志野焼で、歪んだ形に仕上げたことで見る方向によって異なる表情を見せる。茶人・片桐石州（かたぎりせきしゅう）が、茶碗の模様を垣根に見立て、この名をつけた。

工芸品

志野茶碗《しのちゃわん》〈銘卯花墻《めいうのはながき》〉

制作年代：桃山時代・16世紀末
所蔵：東京都・三井記念美術館
国宝指定：1959年

織部《おりべ》や小堀遠州《こぼりえんしゅう》らに引き継がれ、各人の好みを反映し発展していく。

桃山時代には、和物の茶道具が数多く生産されるようになる。美濃の志野・織部、京都の楽焼《らくやき》など種類もさまざま。そうしたなかで、和物茶碗の傑作として、ふたつしかない国宝茶碗《志野茶碗《しのちゃわん》 銘《めい》卯花墻《うのはながき》》と《楽焼白片身変《らくやきしろかたみがわり》茶碗《ちゃわん》 銘《めい》不二山《ふじさん》》が生まれることになったのである。

人物
ゆかり編

絵画

夏景山水図《かけいさんすいず》

足利義満秘蔵の逸品が……離散した春夏秋冬の山水図

Data
形式：絹本著色
制作年代：南宋時代（中国）・12〜13世紀
所蔵：山梨県・身延山久遠寺
国宝指定：1955年

この《夏景山水図《かけいさんすいず》》は、かつては春夏秋冬の4幅で1セットの四季山水図だったと言われる。現在目にすることができるのは夏、秋、冬の3幅のみで、春景山水図《しゅんけいさんすいず》は失われてしまった。秋景、冬景山水図は京都・金地院《こんちいん》に所蔵されている。どの山水図にも山中の渓谷と松、高士《こうし》（世俗を離れて生活している高潔な人物）のたたずむ姿が描かれ、巧みな構成と筆墨により、四季折々の詩情が豊かに表現されている。

現存するいずれにも、室町幕府3代将軍・足利義満《あしかがよしみつ》が所有していたことを証明する「天山《てんざん》」の印が押されている。足利将軍家の旧蔵品である「東山御物《ひがしやまごもつ》」の逸品というわけだ。足利家の蔵品目録である『御物御画目録《ごもつおんえもくろく》』には「山水　徽宗皇帝《きそうこうてい》」と記され、これらの山水画だと考えられている。またこの記載からは中国・北宋の徽宗皇帝が所蔵していたことをうかがわせる。足利家を離れてからの足取りは不明だが、1673年に静岡の掛川藩《かけがわはん》の藩主・太田資宗《おおたすけむね》から久遠寺《くおんじ》に献上された。

俗世を離れ山中に隠居することは、中国の文人の求めるところのひとつだったと言うが、《夏景山水図》に描かれる高士は、服がはためくほどの激しい風のなか、松の鳴る音に耳を傾け、何を思うのか。多様な解釈を与える味わい深いこの作品は、宋代の最高傑作と誉《ほま》れ高く、日本では唐絵《からえ》の最上品として国宝に指定されている。

夏景山水図

徽宗皇帝（きそうこうてい）本人による筆だという説や、胡直夫（こちょくふ）という室町時代の画家によって描かれたという説もあるが、真の作者は不明だ。この絵は久遠寺内の宝物館で拝観できる。

絵画

平《へい》家《け》納《のう》経《きょう》

贅を尽くした装飾経の極致!!　宗達のルーツはここにあり!

Data

形式：紙本著色
制作年代：平安時代・1164年
所蔵：広島県・厳島神社
国宝指定：1954年

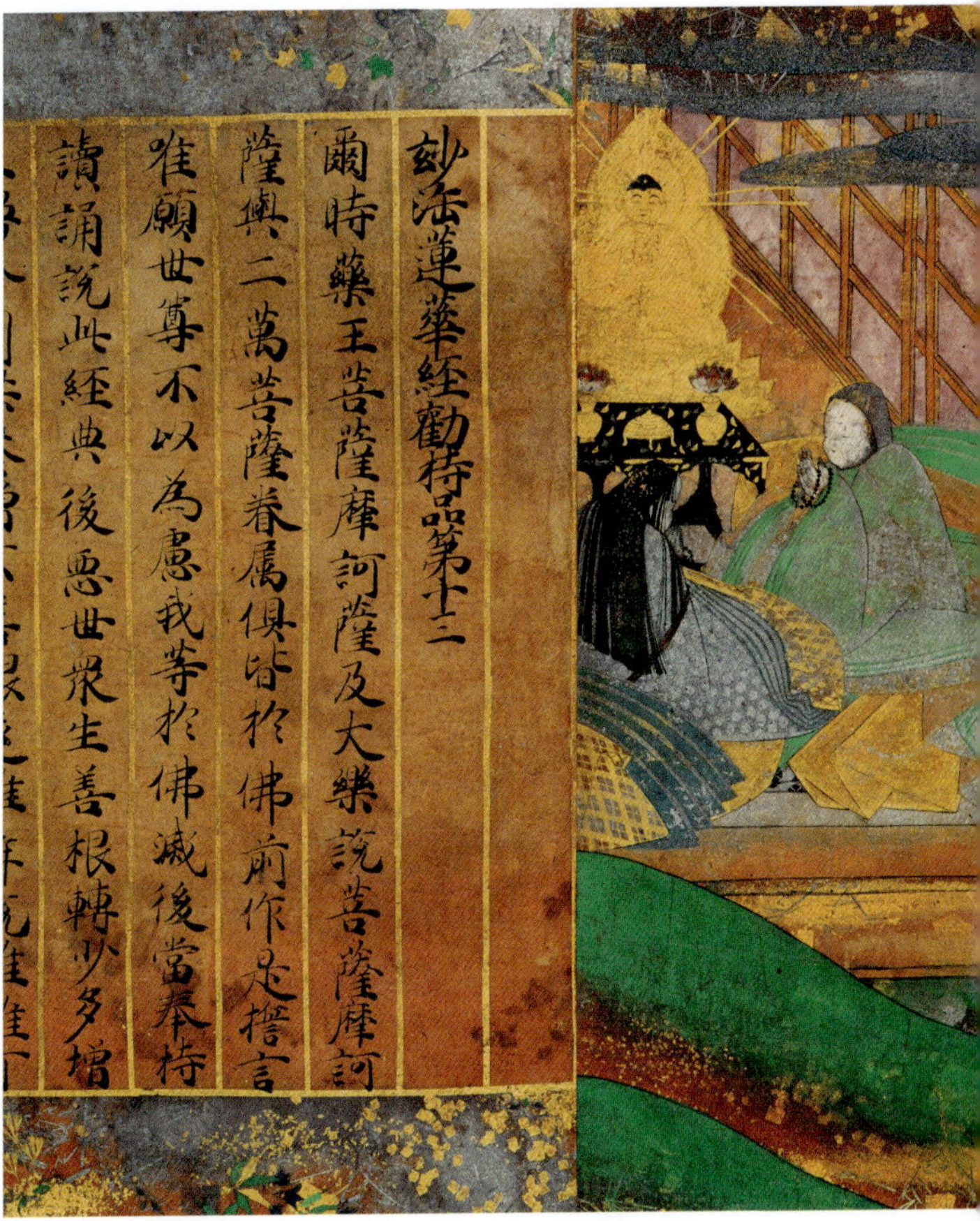

平家納経
法華経 28 巻のうちの『勧持品（かんじほん）』の表紙裏の見返し絵。宮廷の人びとの信仰生活や出家の生活が色鮮やかに描かれ、平家の栄華を今に伝えている。平安時代の装飾経の代表作で、当時の高度な工芸技術を示す一級史料でもある。実物は厳島神社宝物館で定期公開され、レプリカが常時公開されている。

1164年、平清盛《たいらのきよもり》が後生《ごしょう》の極楽往生《ごくらくおうじょう》を祈念し、厳島神社《いつくしまじんじゃ》に奉納した華麗な装飾《そうしょく》経《きょう》が《平家納経《へいけのうきょう》》だ。法華経《ほけきょう》28巻、無量義経《むりょうぎきょう》、観普賢経《かんふげんきょう》、阿弥陀経《あみだきょう》、般若心経《はんにゃしんぎょう》各1巻に、清盛の願文《がんもん》を添えた計33巻で構成されている国宝で、この巻数は厳島神社の本《ほん》地仏《じぶつ》・十一面観音《じゅういちめんかんのん》の三十三応神《さんじゅうさんおうじん》にちなんだものとされる。願文には、清盛をはじめ平家一族の32人が経巻各一巻を担当し、浄書《じょうしょ》したと記されている。

各巻はいずれも意匠が凝らされ、金銀の切箔《きりはく》や砂子《すなご》によってゴージャスに装飾された料紙を用い、表紙と見返しには飛鳥や草花といったさまざまな絵が描かれている。本紙経文の文字も、華麗な料紙に負けないよう配慮がなされ、墨色のほかに金銀泥《きんぎんでい》や群青《ぐんじょう》、緑青《ろくしょう》などの絵具が用いられている。また、軸首《じくしゅ》（巻物の軸部分）や題簽《だいせん》（巻物の書名を記した箇所）などの意匠も、青いガラスや水晶、鍍金《ときん》などを使い、巻物の中身に引けを取らないほど斬新な装飾がほどこされている。そして巻物を納める経箱は、金銀荘雲龍文銅製《きんぎんそううんりゅうもんどうせい》という徹底した贅沢ぶりだ。

ちなみに平家納経は、1602年に本阿弥光悦《ほんあみこうえつ》を中心とした職人たちによって修復されている。この職人のなかには、のちの琳派の祖・俵屋宗達《たわらやそうたつ》（P.39）もおり、彼は「願文」「嘱累品《ぞくるいほん》」「化城喩品《けじょうゆほん》」の表紙と見返し絵の新作を担当した。

意外なことに宗達は、知名度に反し、生涯がほとんど不明で、平家納経は制作年がわかる宗達の最初の作品でもある。さらには、《松島図《まつしまず》》（アメリカ・フリーア美術館所蔵）の波の表現に平家納経の影響が見られることから、この修理が宗達の画風形成にとってても非常に大きな意味をもつものだったと考えられている。絢爛豪華な宗達作品の源流は、平家納経から始まっていたというわけだ。

厳島神社《いつくしまじんじゃ》（本社本殿《ほんしゃほんでん》、幣殿《へいでん》、拝殿《はいでん》）

建造物

制作年代：室町時代・1241年（本殿のみ1571年）
所蔵：広島県・厳島神社　**国宝指定：**1952年

厳島は島そのものをご神体とした場所で、厳島神社の創建は593年とされている。現在の厳島神社は平清盛によって造立されたと伝えられ、建物は、上の本社を含む計6棟が国宝指定されている。

工芸品

日本最古のボロ刺繍が国宝？　聖徳太子を偲んでつくられた

天寿国繍帳残闕《てんじゅこくしゅうちょうざんけつ》

Data
制作年代：飛鳥時代・7世紀
所蔵：奈良県・中宮寺
国宝指定：1952年

聖徳太子ゆかりと伝えられるのが、太子が斑鳩《いかるが》に建立した尼寺《あまでら》・中宮寺《ちゅうぐうじ》に納められる《天寿国繍帳残闕《てんじゅこくしゅうちょうざんけつ》》だ。太子の妃、橘大郎女《たちばなのおおいらつめ》が彼の死を悼《いた》んで縫わせたもので、妃が推古天皇《すいこてんのう》に願い出て制作したこと、当初は法隆寺に収蔵されたことが記録に残っている。日本最古の刺《し》繍《しゅう》作品として貴重な国宝だが、鎌倉時代に中宮寺へ移譲された際に大幅補修されたうえ、さらに江戸期には別の断片を貼り合わせたとされ、当初のものはわずかな残《ざん》闕《けつ》のみ。飛鳥時代の原本は今より大きく、二張分（2倍）もある壮麗なものだった。モチーフとされる天寿国《てんじゅこく》には鳳凰《ほうおう》、月、蓮華化生《れんげけしょう》、蓮池などが配され、阿弥陀浄《あみだじょう》土《ど》が描出されている。現在の残闕は、一見すると〝ボロ刺繍〟だが、制作に至るまでの意図、物語を含め歴史的重要性は疑うべくもなく、仏教の阿弥陀浄土を日本で初めて具現化した作品として価値あるものなのだ。

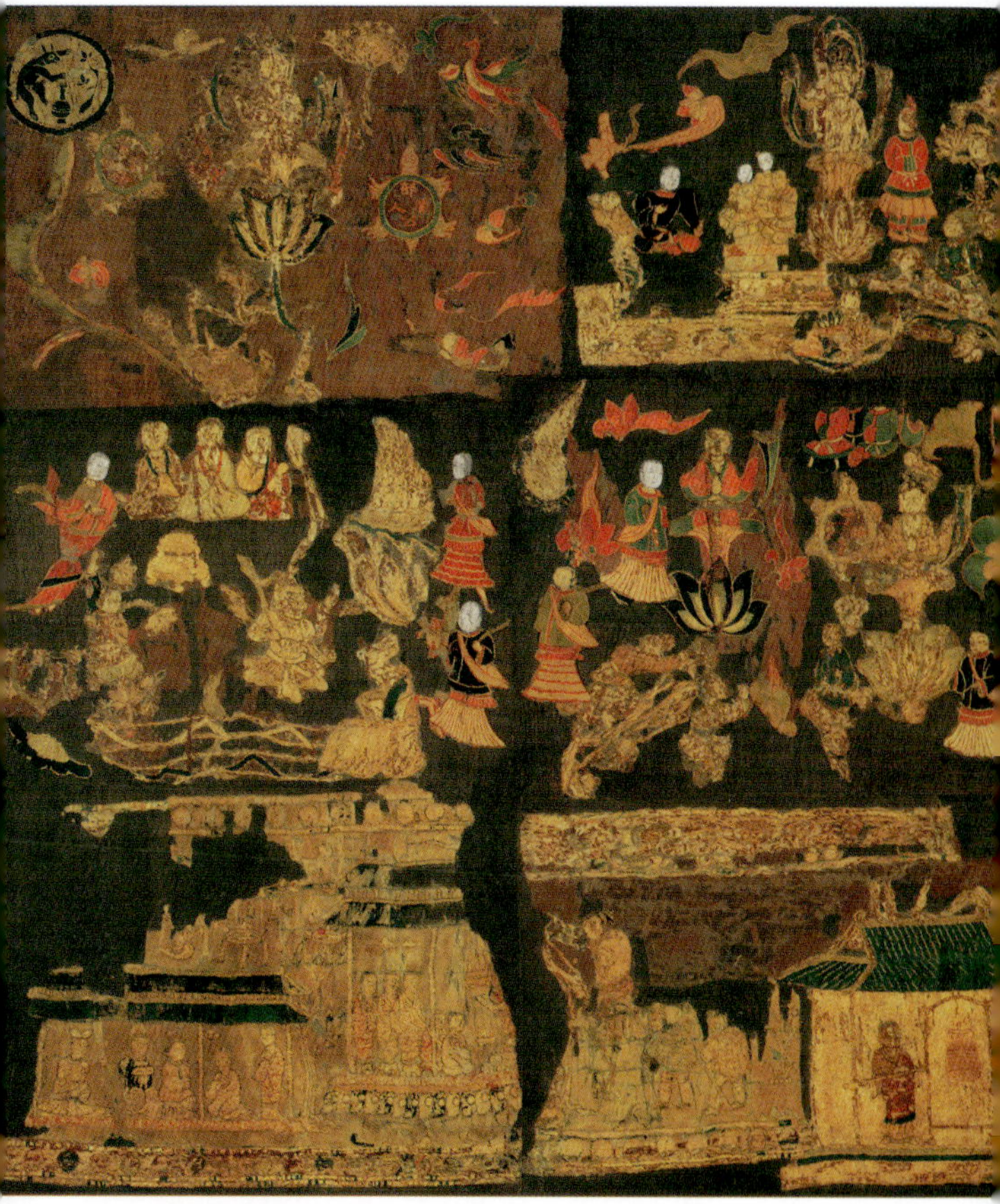

天寿国繍帳残闕
原本と鎌倉時代の模本が混在しているが、一部のヨリの強い刺繍は飛鳥時代の流行を反映したもの。描かれた人物の服装は古墳時代に近い簡素なものが多く、奈良時代以前の生活を知るうえでの資料としての価値もある。

工芸品

世界に4つしか存在しない　妖艶な名器に秘められた技術

曜変天目茶碗《ようへんてんもくちゃわん》〈稲葉天目《いなばてんもく》〉

Data

制作年代：南宋時代（中国）・12～13世紀
所蔵：東京都・静嘉堂文庫美術館
国宝指定：1951年

漆黒の茶碗の内側に瑠璃色《るりいろ》に輝く大小の斑紋《はんもん》が星のように浮かび上がる《曜変天目《ようへんてんもく》茶碗《ちゃわん》》。まるで宇宙に吸い込まれるかのような碗内の輝きが魅力だ。現存品は世界で4つしかなく、それらはすべて日本に集結。静嘉堂文庫《せいかどうぶんこ》、京都の大徳寺《だいとくじ》龍光院《りょうこういん》、大坂の藤田美術館《ふじたびじゅつかん》所蔵の3点は国宝で、残る1点は重文。なかでも静嘉堂文庫のものは、徳川家家臣の稲葉家に伝来したことから「稲葉天目《いなばてんもく》」と呼ばれている。

曜変天目は、器全体にかけられた黒釉《こくゆう》が焼成されたときに器の内側にあらわれた独特な斑紋が特徴だ。このように窯のなかで焼成中に偶然起きる変化を「窯変《ようへん》」というが、曜変天目の場合は輝きを意味する「曜」を用いて「曜変」と言われる。また、「天目」とは中国産の黒釉茶碗のことで、この碗も鎌倉時代に中国に渡った僧が日本に持ち帰ったもの。なお、中国の福建省《ふっけんしょう》にある建窯《けんよう》でつくられたとされるが、はっきりとした工法は不明で、この再現不可能な点も曜変天目の希少性を高めている。

曜変天目茶碗

小さな高台に口の部分を少しすぼめた「スッポン口」と呼ばれる形が特徴。模様のなかでは、「曜変」がもっとも価値のあるものとされる。もとは徳川家にあったが、乳母の春日局（かすがのつぼね）が病のときに下賜され、春日局の子孫である稲葉家に伝来。その後、三菱財閥の岩崎小弥太が購入し、静嘉堂文庫の所蔵となった。

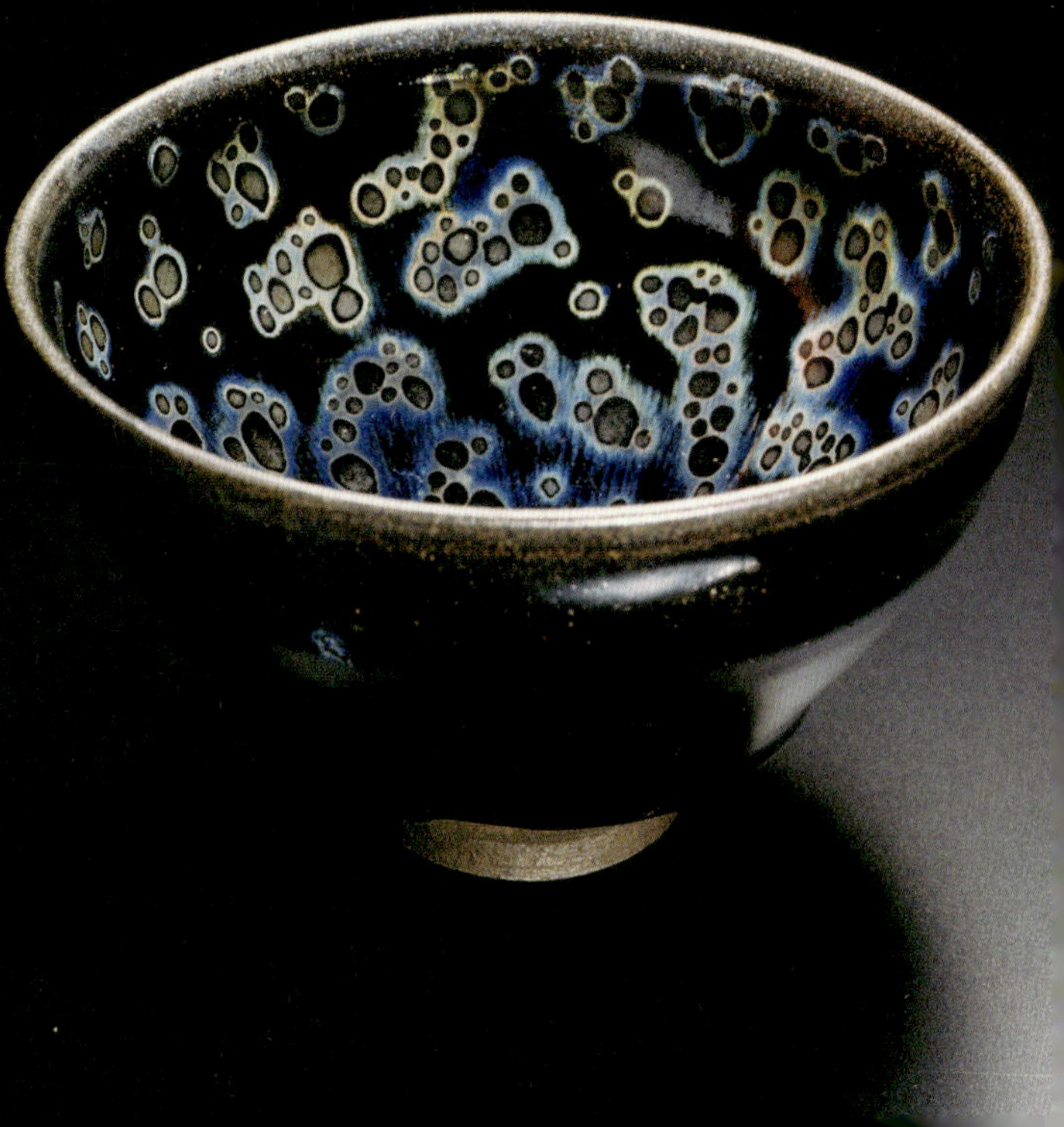

歴史資料

支倉常長がヨーロッパから持ち帰った

慶長遣欧使節関係資料《けいちょうけんおうしせつかんけいしりょう》

Data

制作年代：江戸時代・17世紀
所蔵：宮城県・仙台市博物館
国宝指定：2001年

仙台藩主・伊達《だて》政宗《まさむね》の命を受けた支《はせ》倉《くら》常長《つねなが》率いる遣欧使節《けんおうしせつ》は、1613年、現在の宮城県石巻市を出発。メキシコを経由しスペイン、そしてローマに辿り着いた。このとき常長らがヨーロッパから持ち帰った品々、24件47点が《慶長遣《けいちょうけん》欧使節関係資料《おうしせつかんけいしりょう》》として国宝に指定されている。非常に珍しいヨーロッパ産の国宝というわけだ。

使節団の目的はスペイン国王フェリペ3世、およびローマ教皇パウルス5世に

ローマ市公民権証書
ローマ市議会が支倉常長に与えた証書。正式に市民権を与え、常長を貴族に列するという内容が書かれている。

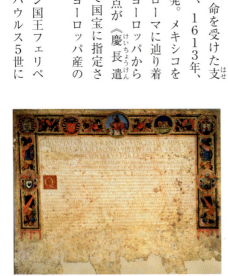

謁見《えっけん》し、仙台藩領への宣教師派遣と、スペイン領メキシコとの貿易の許可を得ることであったとされる。

その後、キリスト教の禁教、鎖国へと舵《かじ》を切る江戸幕府体制のもと、政宗が行った欧州との外交交渉は決裂。また、そうした常長らの7年に及ぶ海外経験は、明治期に岩倉使節団《いわくらしせつだん》が事実を知るまで、広く知られることはなかった。

2001年、日本と欧州の交流の歴史を物語る資料性が認められ国宝に認定された。

続く13年には、国宝のうち3点がユネスコ記憶遺産にも登録されている。

支倉常長像
ロザリオを持って、祈りを捧げ、洋装ではあるが腰に日本刀を差している。ローマで描かれたと考えられている。常長は、太平洋、大西洋を渡り、スペインでキリスト教に改宗した。

国宝でも男尊女卑？　雄は国宝・雌は重文

工芸品

色絵雉香炉《いろえきじこうろ》

京色絵の祖として知られた野々村仁清《ののむらにんせい》の雉《きじ》を模した香炉《こうろ》が《色絵雉香炉《いろえきじこうろ》》である。石川県立美術館に収蔵される雉香炉は、仁清の彫塑的な作品でもとくに名作として知られるが、この雉香炉には同時に制作された一対をなす〝雌雉《めすきじ》〟がいる。制作後、離ればなれになったつがいは、数百年の時を経て１９５９年に再会を果たす。現在はそろって石川県立美術館に収められているが、雄である雉香炉は国宝、雌雉香炉の方は重要文化財と、昨今の風潮とは違う〝男尊女卑〟とも言える夫婦格差が生じている。

色絵雉香炉は造形、焼成ともに至難とされる水平に伸びた尾が特徴のひとつ。緩やかな膨らみを持つ胴部や、身体を覆う

Data

作者：野々村仁清
制作年代：江戸時代・17世紀
所蔵：石川県・石川県立美術館
国宝指定：１９５１年

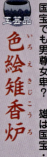

色絵雌雉香炉

色絵雉香炉

写真右が国宝の雄雉、左が重文の雌雉だ。写実的な造形で雉の生態を見事に再現する一方、蓋と身に分かれる胴部、背部にある半月状の４つの煙出し孔など、香炉としての機能性も熟考されている。

羽毛を見事に表現した豊かな色彩が、脚を折って羽を休める雉を写実的に表現している。一方の色《いろ》絵《え》雌《めす》雉《きじ》香《こう》炉《ろ》は、色彩豊かな雄雉に比べ、銀彩で覆われ落ち着いた色調。急角度に立てた尾や毛繕いのためにくちばしを背に向ける姿は、やはり2体一対で輝きを増す。

その他

書跡・典籍

平安の端正な美観をうかがえる装飾経の代表格

法華経序品《ほけきょうじょほん》〈竹生島経《ちくぶしまきょう》〉

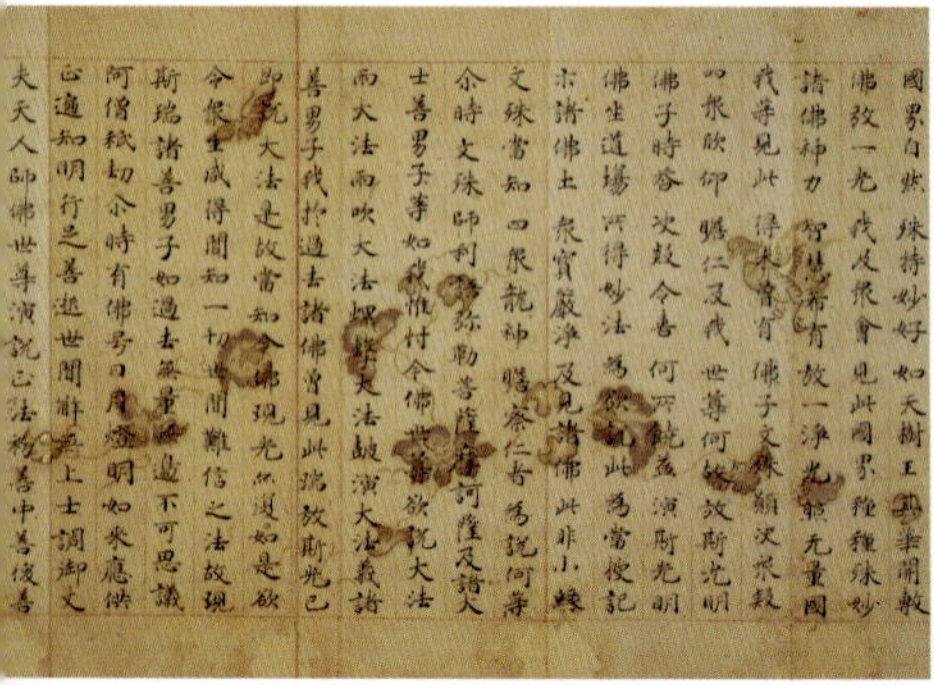

もとは『法華経』八巻分を備えたものだと推定され、東京国立博物館にはこの後半部分が所蔵されている。

流麗で典雅な平安中期の代表的書風である「上代様《じょうだいよう》」で経文が書かれた、装飾法華経《そうしょくほけきょう》の秀作《法華経序品《ほけきょうじょほん》》。当時の貴族にとっては、一字一字が仏と同様に尊いものとされ、心を込めて書きあげられている。『平家物語《へいけものがたり》』や謡曲《ようきょく》に登場する、琵琶湖の北側に浮かぶ竹生島《ちくぶしま》に伝わる写経であることから、〈竹生島経《ちくぶしまきょう》〉とも呼ばれる。

シンプルなつくりながら非常に端正な仕上がりとなっており、当時最高級の紙とされた鳥の子紙を使用し、金の罫線が入り、下絵には金銀泥で鳳凰、蝶、草花、雲などが描かれている。

Data

制作年代：平安時代・11世紀
所蔵：滋賀県・宝厳寺
国宝指定：1954年

その他

歴史資料

国宝ひとつで1200点超え！　沖縄唯一の国宝

琉球国王尚家関係資料《りゅうきゅうこくおうしょうけかんけいしりょう》

Data

制作年代：第二尚氏（沖縄）～明治時代（15～19世紀）
所蔵：沖縄県・那覇市歴史博物館
国宝指定：２００６年

２００６年に国宝指定された《琉球国王尚家関係資料《りゅうきゅうこくおうしょうけかんけいしりょう》》は、琉球国王尚家に伝来してきた、計１２５１点もの資料からなる沖縄唯一の国宝だ。資料は、王装束《おうしょうぞく》、紅型《びんがた》（沖縄の伝統的な染色技法）などの染織品、漆器、陶器、金属器、刀剣などの美術工芸品と文書や記録などで構成されている。

尚氏は琉球（現・沖縄県）に王朝を確立した一族で、平定した１４２９年から、１６０９年の薩摩藩による侵攻を経て、１８７９年の明治政府による「琉球処分」と沖縄県の設置に至るまで、約４５０年にわたって続いた。

地勢上、琉球は海を介した交易の要地であり、12世紀頃からは中国と、15世紀からは日本と密接な外交関係を結んでいた。また朝鮮や東南アジアとも貿易し、多様な国の影響が混交した独自文化を形成してきた。この尚家の資料一括は、現在日本にありながらも、異質な琉球沖縄そのものを顕現《けんげん》する国宝なのである。

玉冠《おうかん》（付簪《つけかんざし》）

国王の即位儀礼や正月の儀式など、国の重要な儀式の際に国王の正装として用いられた王冠。左側にある金の簪（かんざし）には、王の象徴である龍が描かれている。

黒漆《くろうるし》雲龍《うんりゅう》螺《ら》鈿《でん》東道盆《とうどうぼん》

黒漆塗りに螺鈿の五爪の龍文様が施された東道盆。お供えや客人をもてなす際に使用される。中には朱漆塗りの小皿が納められている。

黄色地《きいろじ》鳳凰瑞雲《ほうおうずいうん》霞《かすみ》文様《もんよう》
紅型紋紗《びんがたもんしゃ》衣《い》裳《しょう》

王家のみに着ることを許された黄色地に鳳凰文様の衣裳。左は少年用の夏物の紅型（沖縄の伝統的な染色技法で染められた衣装）。

切手になった国宝たち

1950年、平安時代後期の寺院、《平等院鳳凰堂《びょうどういんほうおうどう》》（P.93）の普通24円切手と小型シートが発売された。国宝が普通切手の図案に採用された最初の例だ。図案とする国宝の選定には、著名であることや日本の美を世界に知らしめるものであること、これまで切手に取りあげられていないなどの条件が掲げられ、それら諸条件を満たした平等院鳳凰堂に決まったのだ。

翌51年には、《姫路城》（P.89）が普通切手の図案として採用された。白漆喰《しっくい》の優美な姫路城は、この後もたびたび切手の図案に使われている。もっとも新しいものでは、2015年3月に大天守の修理が完了したことを記念して、オリジナルフレーム切手「よみがえる国宝　姫路城　平成の大修理其之壱」「よみがえる国宝　姫路城　平成の大修理　其之弐」を発行。追加販売されるほどの好評を得た。

《源氏物語絵巻《げんじものがたりえまき》》もまた、切手の図案として何回も採用されている国宝だ。

1964年4月には、「宿木《やどりぎ》」を題材とした切手が発行された。「宿木」は建物が斜めに描かれるなど構図に優れた作品で、切手でもその卓越した技量を鑑賞することができる。近年では、2008年に特殊切手「『源氏物語』一千年紀」が発行された。

また最近では、島根県の《松江城天守》が2015年7月に国宝に指定されたことを受け、同年8月にオリジナルフレーム切手「国宝　松江城」が発行されている。戦後の日本切手史上、多くの国宝が切手を通し、その姿を日本各地へ披露してきたのだ。

高く評価され続けている「国宝シリーズ」

切手になった国宝として代表的なのが、昭和時代、3次にわたり全54枚発行された「国宝シリーズ」だ。「わが国の優れた有形文化財を内外に紹介するため、国宝に指定された絵画、彫刻、工芸品、建造物などを取りあげる」

というコンセプトのもと、明治以前の日本の文化遺産を図案にした記念切手シリーズである。

第1次国宝シリーズは1967〜69年、第2次は1976〜78年、第3次は1987〜89年に発行された。全7集からなる第1次シリーズは、それぞれ飛鳥時代から江戸時代までの国宝3種ずつで構成されていた。とくに人気が高かったのが、第4集の「春日大社赤糸威鎧《あかいとおどしよろい》」という1枚。源義経《みなもとのよしつね》が春日大社に奉納したと伝えられる鎧（P.146）を描いた切手で、発行後すぐに売り切れとなる郵便局が続出したという。

第2次切手ブーム期に発行された第2次シリーズ（全8集）、第1集の

春日大社赤糸威鎧
（第1次、第4集）
春日大社にある2領の赤糸威鎧のうち、図案に選定されたのは源義経が奉納したと伝えられる1領。

執金剛神立像
（第2次、第1集）
執金剛神立像は東大寺法華堂に安置されており、年に1度、12月16日のみ御開帳される。

《執金剛神立像《しゅこんごうしんりゅうぞう》》は、東大寺法華堂に安置されている奈良時代の仏像。第1集の発行が本像が御開帳される1週間前だったこともあり、発行日には各地の郵便局に長い行列ができた。また第8集の《東《とう》照宮陽明門《しょうぐうようめいもん》》は、凹版彫刻工芸官の押《おし》切勝造《きりかつぞう》が凹版部分の原版彫刻を手がけ、珠玉の1枚に仕上がった。

広島県の《厳島神社》（P.158）などを含む第3次国宝シリーズ（全8集）は、昭和末期に発行された。当時すでに、世間の切手ブームは過ぎ去って久しかった。しかし国宝シリーズはその質の高さから、現在も高い評価を得ている。

厳島神社
（第３次、第４集）
厳島神社本殿の国宝指定は1952年３月。切手では、広島湾の水面まで見事に表現されている。

東照宮陽明門
（第２次、第８集）
各所に見事な彫刻が施された陽明門。「彫りの名人」と言われた押切勝造が凹版部分の原版彫刻を担当した。

巻末付録

国宝の基礎知識 Q&A

Q01：国宝ってなに？

重要文化財のうちとくに学術的・歴史的価値が高く、**「国の宝にふさわしい」と認められた有形文化財《ゆうけいぶんかざい》**のこと。有形文化財とは「**建造物《けんぞうぶつ》**」、「**工芸品《こうげいひん》**（染織《せんしょく》、刀剣、茶碗など）」、「**絵画《かいが》**」、「**彫刻《ちょうこく》**（仏像など）」、「**書跡《しょせき》・典籍《てんせき》**（経典《きょうてん》や和歌集など）」、「**古文書《こもんじょ》**」、「**考古資料《こうこしりょう》**（遺跡からの出土品など）」、「**歴史資料《れきししりょう》**」のことをいう。

Q02：国宝はいつからあるの？

現在の国宝を定めた「**文化財保護法《ぶんかざいほごほう》**」が制定されたのは１９５０年のことだ。その前年までに、法隆寺金堂の放火事件など国宝級文化財に立て続けに事件や災難があった。そのため、法律改正に動きが加速し、それまでの文化財を庇護《ひご》する法を整備・強化するものとして制定された。

Q03：国宝っていくつあるの？

現在指定されている国宝は**１０９４件**（２０１５年11月1日現在）で、大きくふたつに分類されている。ひとつは「**建造物**」。もうひとつは「**美術工芸品**」で、そのなかでさらにＱ01で紹介した「工芸品」「絵画」「彫刻」「書跡・典籍」「古文書」「考古資料」「歴史資料」の７つの区分に分かれている。このうち最大勢力を誇るのは「工芸品」の２５２件。一方の少数派は「歴史資料」で、その数はわずかに３件しかない。この３件は《慶長遣《けいちょうけん》欧使節関係資料《おうしせつかんけいしりょう》》（P.１６６）と沖縄の《琉《りゅう》球王国尚《きゅうこくおうしょう》家《け》関係資料《かんけいしりょう》》（P.１７１）、そして《伊能忠敬関係資料《いのうただたかかんけいしりょう》》（P.１２７）だ。

国宝の種別指定件数

種別		件数
建造物		222（272棟）
美術工芸品	絵画	159
	彫刻	130
	工芸品	252
	書跡・典籍	224
	古文書	60
	考古資料	46
	歴史資料	3
合計	1096	

※ 2015年11月1日現在

Q04：国宝〝第1号〟は？

「文化財保護法」が制定された翌1951年6月9日、第1回の「国宝」として登録されたのは181件。このとき、各分類別でトップナンバー（国宝登録番号00001）で登録されたものは次の通りだ。

絵画は、平安時代に描かれた仏教画**《普賢菩薩像《ふげんぼさつぞう》》**。工芸品は備前長船長光の**《太刀《たち》・銘長光《めいながみつ》〈大般若長光《だいはんにゃながみつ》〉》**。彫刻は広隆寺にある飛鳥時代につくられた**《弥《み》勒《ろく》菩薩《ぼさつ》半跏像《はんかぞう》》**。書跡・典籍では、現存最古の墨跡**《圜悟克勤墨蹟《えんごこくごんぼくせき》〈印可状《いんかじょう》〉》**。考古資料は弥生時代の資料**《袈裟《けさ》襷《だすき》文銅鐸《もんどうたく》／伝讃岐国《でんさぬきこく》出土《しゅつど》》**。そして建造物は、岩手県にある**《中尊寺金色堂《ちゅうそんじこんじきどう》》**である。

とはいえ、「トップナンバー＝もっとも高い評価を得た〝宝〟」というわけではなく、あくまでも、第1回登録のなかでの指定書および台帳の番号（数字）が「1」だということである。

ちなみに、**直近に指定された国宝**（2015年11月1日現在）は島根県の**《松《まつ》江《え》城《じょう》天守《てんしゅ》》**で、2015年7月に指定を受けている。

Q05：国宝は誰が決めている？

決定機関は文部科学省に設置されている「**文化審議会**《ぶんかしんぎかい》」だが、その前に越えなければならない山は多い。まずは「**重要文化財**」であることが大前提。それらを、各分野の専門家集団である「**専門調査会**《せんもんちょうさかい》」が調査・検討を行う。このときひとりでも反対があれば国宝には指定されることはない。この厳しい審査を無事にくぐり抜けた「**候補**」は文化審議会に報告され、文部科学大臣に答申。同大臣が「ふさわしい」と判断し、官報での告示を受けることで正式に「**国宝**」に指定される。

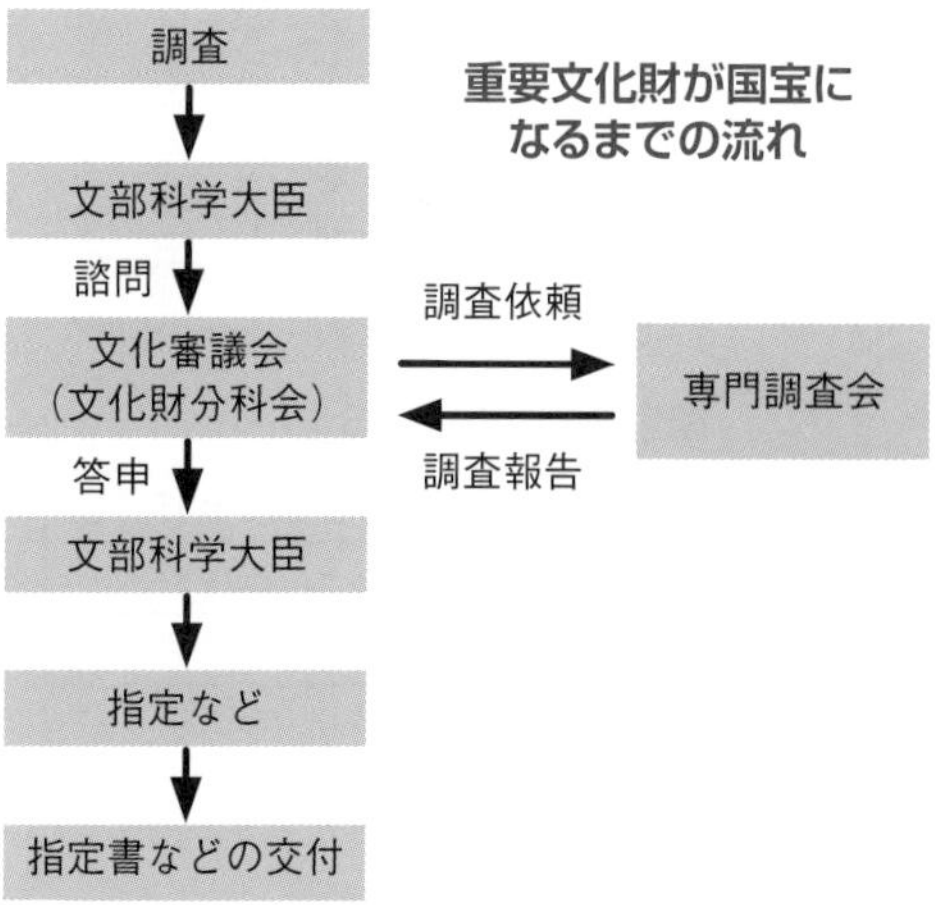

重要文化財が国宝になるまでの流れ

Q06：もっとも多くの国宝を持っている都道府県は？

２０１５年11月1日現在で、もっとも多くの国宝を所有している都道府県は**東京の２７６件**。最大の理由は、歴代最長の政権である江戸幕府が置かれていたことで、徳川将軍家に優れた芸術品が集められたことが挙げられる。さらには、国内最大の博物館である東京国立博物館が早い段階から設置され、文化財の受け皿として大きな役目を果たしたことも大きな要因といえる。

東京以下は下図のようになっており、近畿勢がズラリ。また6位に**和歌山**（**36件**）、7位に**兵庫**（**20件**）と続き、**近畿6府県に国宝全体の約55％が集中している**。ちなみに、徳島、宮崎は所有件数こそ「0」だが、それぞれの県で出土した考古資料の国宝が東京国立博物館などで所蔵されている。（全都道府県の国宝分布はP.２０４）

国宝所持数トップ５

1位	東京都	276件
2位	京都府	231件
3位	奈良県	199件
4位	大阪府	60件
5位	滋賀県	55件

※2015年11月1日現在

Q07：国宝は個人でも所有できる？

国宝を所有しているのは、文化庁や国立博物館といった「国」をはじめ、地方自治体や寺社、企業などバラエティに富んでいる。個人所有物もあり、天守《てんしゅ》が国宝指定されている**《犬山城《いぬやまじょう》》**（愛知県）は尾張藩《おわりはん》の家老だった成瀬家《なるせけ》所有の文化財だった（2004年に財団法人に譲渡）。ただし、このケースのように、国宝は固定資産税は免除されるものの相続税に優遇処置はない。価値を失わないための維持費も重くなってしまうため、**国宝の個人所有は一般的とはいえないだろう**。ちなみに現在、個人所有されている国宝で有名なのは北宋《ほくそう》最後の皇帝・徽宗《きそう》の作品**《桃鳩図《ももはとず》》**。

犬山城天守《いぬやまじょうてんしゅ》

建造物

制作年代： 桃山時代・1601年
所蔵： 公益財団法人犬山城白帝文庫
国宝指定： 1952年

Q08：国宝を1番多く遺した人は？

国宝を1番多く遺している人は、書の達人であり「三筆の一人」として知られる**弘法大師空海《こうぼうだいしくうかい》で、現在8件が国宝**。そのほか、空海の構想にもとづいて建立された教王護国寺《きょうおうごこくじ》（東寺《とうじ》）の建造物などを含めると、空海に関わる国宝の数は20を超える。**最澄《さいちょう》**や**後宇多天皇《ごうだてんのう》**、**雪舟《せっしゅう》**といった〝常連組〟もいるが、数ではまったく空海におよんでいない。

Q09：海外への持ち出しは可能？

文化庁では以前より、国際交流や優れた日本文化の紹介を目的に、国外でも国宝の展覧会を開催している。つまり、そういう意味での「持ち出し」は可能。ただし、**所有権を国外に移すことは禁止されている**。なお、国宝・重要文化財ではない古美術品を海外に持ち出す場合でも、「古美術品鑑査証明」という証明書を発行し、税関に提出することが求められる。

Q10：舶来品でも国宝にできる?

「国宝＝日本生まれ」とは限らない。たとえば、3件しか指定されていない「歴史資料」のひとつ《慶長遣欧使節関係資料》（P.166）は、伊達《だて》政宗《まさむね》の命を受けてヨーロッパに渡った支倉常長《はせくらつねなが》が持ち帰ったものだ。ポルトガル領のインド副王が豊臣秀吉に宛てた外交文書《ポルトガル国印《こくいん》度《ど》副王信書《ふくおうしんしょ》》（京都・妙法院《みょうほういん》所蔵）は〝ヨーロッパ産〟。また、新羅《しらぎ》時代につくられたとみられている《朝鮮鐘《ちょうせんしょう》》は朝鮮生まれの国宝である。そのほか約1000件の国宝のうちの100件、およそ1割が海の向こうから渡ってきた「日本の宝」なのである。

工芸品
朝鮮鐘《ちょうせんしょう》
制作年代：新羅時代（朝鮮）・833年
所蔵：福井県・常宮神社
国宝指定：1952年

知っておきたい 国宝の鑑賞用語集

仏像編

【仏像の種類】

如来《にょらい》……如来とは悟りを開いた者のこと。仏（仏陀《ぶつだ》）ともいう。造形は種類にかかわらず共通している。「螺髪《らほつ》」という粒状の髪形、「肉髻《にっけい》」という頭頂部のふくらみ、「白毫《びゃくごう》」という眉間の巻き毛の白髪、そして「衲衣《のうえ》」という簡素な着衣が特徴。悟りを開いているので物欲がないため、装飾はない。そのため、手の印の結び方（印相《いんそう》）などからどの種類の如来かを判別する。阿弥陀《あみだ》如来（P.96）、薬《や》師《く》《し》如来（P.68）、大日《だいにち》如来（P.１００）、盧舎那仏《るしゃなぶつ》（P.50）、釈迦《しゃか》如来などがいる。

菩薩《ぼさつ》……大乗仏教で修行者を示す言葉。信仰の対象となっている菩薩は、如来になる資格がありながら民を導き救うために、あえて菩薩にとどまっているとされる。造形は、頭部に「髻《もとどり》」（束ねた髪）を高く結い、「宝冠《ほうかん》」をかぶり装身具を付けている。文殊《もんじゅ》菩薩（P.14）、弥勒《みろく》菩薩、千手観音《せんじゅかんのん》（P.28）などがいる。

天《てん》……仏教発生以前から存在した、インドのさまざまな宗教の神々が、仏教の守護神として取り込まれたもの。大きく四天王、十二天（P.74）、十二神将（P.76）、金剛力士《こんごうりきし》などの「武神《ぶしん》」、吉祥天《きちじょうてん》、弁財天《べんざいてん》、毘沙門天《びしゃもんてん》、聖天《しょうでん》などの「天女《てんにょ》」、などの「鬼神《きじん》」に分けられる。

高僧《こうそう》……修行を積み、煩悩を断ち、仏教の奥義に通じた徳の高い僧。実在した僧侶たちで、人びとに信仰されるようになったため像造された。十六羅漢《じゅうろくらかん》、十大弟子《じゅうだいでし》などがこれにあたる。ほかに義淵僧正《ぎえんそうじょう》（P.82）などもいる。

【持物の種類】

「持物《じもつ》」とは、仏像が手に持つさまざまな物で、この持物によってその仏像の性格や仏像が持つ法力を表現している。

水瓶《すいびょう》……穢《けが》れをはらう霊水が入っている瓶で、菩薩が持つ。

蓮華《れんげ》……観音菩薩の象徴で、煩悩に穢れていない清らかさを示す。

宝剣《ほうけん》……一切の悪鬼を鎮め、煩悩を断ち切る智慧《ちえ》の刀。天や明王《みょうおう》などが持つ。

羂索《けんじゃく》……青・黄・赤・白・黒の五色の糸でつくる縄状の仏具で、これを投げてさまざまな不安から人びとを救う。千手観音像や不動明王像などが持つ。
金剛杵《こんごうしょ》……金属製の杵の両端に鈷《こ》（槍状の刃）が付いた、煩悩を打ち払う役割がある。鈷がひとつの独鈷杵《どっこしょ》や3つの三鈷杵《さんこしょ》などがあり、金剛力士、伐折羅大将《ばざらたいしょう》などが持つ。

如来（阿弥陀如来）▶

◀菩薩（千手観音）

天（毘沙門天）▶

建造物編

神社《じんじゃ》……神道信仰《しんとうしんこう》にもとづいて建てられた建物で、社殿建築とも言う。鎮守《ちんじゅ》の森のなかに、鳥居《とりい》、手水舎《ちょうずや》、本殿《ほんでん》、拝殿《はいでん》などが置かれる。本殿には御神体《ごしんたい》が安置される。

寺院《じいん》……仏教における出家者が寝食し、修行や宗教的儀式をおこなうために建てられる建物。堂塔（三重塔、五重塔など）と、僧衆が居住する僧坊《そうぼう》がある。南《なん》大門《だいもん》、中門《ちゅうもん》、本堂《ほんどう》、金堂《こんどう》、仏殿《ぶつでん》、講堂、観音堂《かんのんどう》、阿弥陀堂《あみだどう》、鐘楼《しょうろう》などからなる。

城《しろ》……軍事拠点として設けられた建物。戦国時代以降は城下町が形成され、城が政治・経済の中心地となった。天守を中心に、小天守《こてんしゅ》、櫓《やぐら》などで構成される。

【屋根の種類】

切妻造《きりづまづくり》……屋根が棟から両側に流れる2面のみという、もっとも簡単な屋根構造。神社建築のルーツとなる建築様式のひとつである「大社造《たいしゃづくり》」にも採用されている。代表建築には、島根にある《出雲《いずも》大社本殿《たいしゃほんでん》》（P.64）と《神魂《かもす》神社本殿《じんじゃほんでん》》がある。

寄棟造《よせむねづくり》……奈良時代に好まれた形式。屋根が4方向に傾斜する構造で、大棟一番上から2面、その両端に2面の屋根が寄り添う形。奈良の《唐招提寺金堂《とうしょうだいじこんどう》》などが有名。

入母屋造《いりもやづくり》……屋根の上部は切妻造、下部は寄棟造となっている建築方式。もっとも格式が高い形式と重んじられ、寺院建築で多く用いられた。奈良の《新薬師寺本堂《しんやくしじほんどう》》や《蓮華王院本堂《れんげおういんほんどう》〈三十三間堂《さんじゅうさんげんどう》〉》（P.84）などが代表的な国宝建築。

宝形造《ほうぎょうづくり》……屋根の4つの面はすべて三角形になっており、棟が屋根の中心に集まる構造。屋根が6面や8面の場合もある。《法隆寺東院夢殿《ほうりゅうじとういんゆめどの》》（P.134）などに見られる。

切妻造

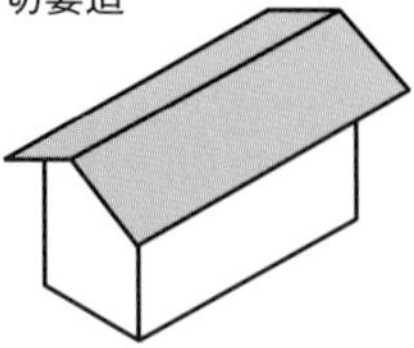

寄棟造

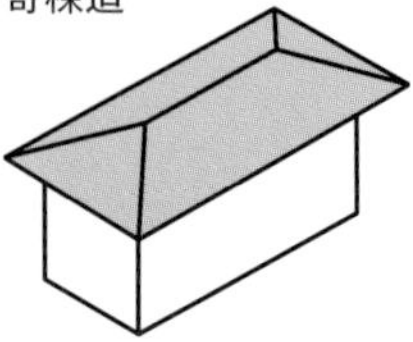

入母屋造

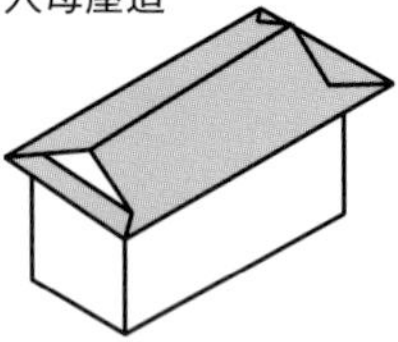

宝形造

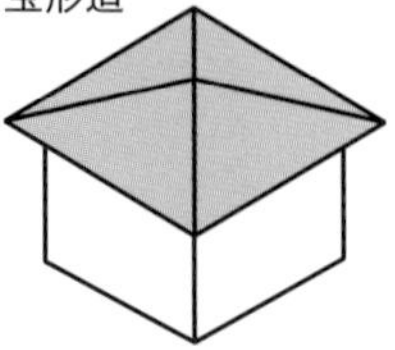

【仏教建築の様式】

和様《わよう》……飛鳥時代から奈良時代にかけて、仏教とともに大陸からさまざまな建築様式が伝わり、日本独自の発展を遂げた。こうして平安時代を通じて日本化した寺院建築様式を和様という。柱が細く、天井が比較的低いなどの特徴がある。代表的な建造物に《平等院鳳凰堂《びょうどういんほうおうどう》》（P.93）などがある。

大仏様《だいぶつよう》……天竺様《てんじくよう》とも呼ばれる。鎌倉時代初期の奈良・東大寺大仏殿の再興に際し、重源《ちょうげん》が中国・宋から導入した寺院の建築様式。比較的少ない資材で大きな建造物を建てることができる反面、粗野な外見となってしまう。数年で急速に廃れたため遺構は少なく、現在は奈良の《東大寺南大門《とうだいじなんだいもん》》、《浄土寺浄土堂《じょうどじじょうどどう》》（P.１０３）が残るのみ。

禅宗様《ぜんしゅうよう》……鎌倉時代末期から室町時代にかけて流行した寺院の建築様式。鎌倉時代初頭に、禅宗《ぜんしゅう》とともに伝来した建築様式で、禅宗寺院の建築様式として中国から伝わった。軒が反り、屋根は急勾配、簡素で整然としているなどの特徴をもつ。《円覚寺舎利殿《えんがくじしゃりでん》》（P.55）などがこの建築様式にあたる。

【神社建築の様式】

大社造《たいしやづくり》……屋根は切妻造で、棟に対して垂直な面に出入り口のある「妻入《つまいり》」になっている。出入り口は向かって右側につくる。千木《ちぎ》と堅魚木《かつおぎ》を屋根の上に置き、平面中央に心御柱《しんのみはしら》が配置される。代表例に《出雲大社本殿》（P.64）がある。

住吉造《すみよしづくり》……切妻造、妻入の形で、棟の上に千木と堅魚木を置く。大社造とは違い、心御柱はなく、出入り口は正面中央に設ける。大阪の《住吉大社本殿《すみよしたいしやほんでん》》が代表的。

日吉造《ひよしづくり》……入母屋造の背面をバッサリと切り落としたような形で、正面と左右側面に庇《ひさし》が付いているのが特徴。日吉大社のみの様式で、国宝の《西本宮本殿《にしほんぐうほんでん》、東《ひがし》本宮本殿《ほんぐうほんでん》》（P.112）の2棟と重文の《宇佐宮本殿《うさぐう》》の計3棟しかない。

権現造《ごんげんづくり》……平安時代からある様式だが、桃山時代から多用されるようになった。前方に拝殿、後方に本殿を置き、あいだの「石の間」と呼ばれる一段低い建物で連結する。本書では《歓喜院《かんぎいん》（聖天堂《しようでんどう》）》（P.53）がこの様式。

【住宅建築の様式】

寝殿造《しんでんづくり》……平安期に貴族の住宅として生まれた形式。寝殿《しんでん》（正殿）を南の庭に面して建て、東西に対屋《たいのや》という付属的な建物を配置し、渡殿《わたどの》でつなぐ。対屋の先には釣殿《つりどの》が置かれる。現存例はないが京都の《宇治上神社拝殿《うじがみじんじゃはいでん》》がこの様式に近いとされる。

書院造《しょいんづくり》……室町時代に発生した住宅の建築様式。床《とこ》の間《ま》、違《ちが》い棚《だな》、座敷《ざしき》、畳《たたみ》、引《ひ》き違《ちが》い建具《たてぐ》などが設けられ、現代の和風建築の原型となった。代表的な建造物に、《二条城二《にじょうじょうに》の丸御殿《まるごてん》》（Ｐ.１２１）がある。

数寄屋造《すきやづくり》…安土桃山時代から江戸時代にかけて完成された、茶室建築の手法を取り入れた建築様式。茶の湯の茶席、勝手《かって》、水屋《みずや》などが備わっている。国宝建築では京都の《妙喜庵書院及び茶室《みょうきあんしょいんおよびちゃしつ》〈待庵《たいあん》〉》や《如庵《じょあん》》（Ｐ.１５２）がこの様式。

【城の鑑賞用語】

天守《てんしゅ》……指令の中枢となる場所。多重多層の設備も多く、防御の最後の拠点ともなる建物。小天守が配される場合は大天守と呼ばれる。

小天守《こてんしゅ》……中心となる天守の周囲に配される小さめの多重櫓で、3階建て程度の櫓を示すことが多い。天守が多重多層化した近世の城においてよく見られる。

櫓《やぐら》………城郭の防御や物見のために塀の端部に設けられる建物。武器や食料といった物資の倉庫や通路として使用される。天守同士をつなぐ「渡櫓《わたりやぐら》」や、長屋《ながや》住宅と塀の役割を兼ねた「多聞櫓《たもん》」、下に門を構える「太鼓門櫓《たいこもん》」などがある。

絵画編

仏画《ぶつが》………仏教、とくに密教系宗派の礼拝・儀式で使われる絵画や曼荼羅《まんだら》のこと。如来（仏）や菩薩、インド古来の神々や中国、日本の神々（天など）も描かれた。《十二天像《じゅうにてんぞう》》（P.74）や《山越阿弥陀図《やまごしあみだず》》（P.98）が代表的。

山水画《さんすいが》……中国・唐の時代から発達した絵画のジャンル。山岳や河川などの自然や心象風景を描いたもの。本書では《夏景山水図《かけいさんすいず》》（P.156）が該当する。

水墨画《すいぼくが》……中国・唐代の後半に盛んになった、墨一色で描かれた絵画。墨色の濃淡やにじみ、かすれなどを使って風景や人物が描かれる。中国で唐～宋の時代に発達し、日本には鎌倉時代に禅宗とともに輸入された。初期は禅の思想が多く描かれたが、徐々に山水画も描かれるようになった。《周茂叔愛蓮図《しゅうもしゅくあいれんず》》（P.42）を描いた狩野正信《かのうまさのぶ》や、《慧可断臂図《えかだんぴず》》（P.１１０）を描いた雪舟《せっしゅう》のほか、長谷川等伯《はせがわとうはく》などの水墨画作品が有名。

屏風絵《びょうぶえ》……紀元前の中国・漢の時代から、部屋の間仕切りや風よけとして使われていたが、宋代のころに王族の贅沢《ぜいたく》な装飾品へと変化した。日本では安土桃山～江戸時代にかけ、絵画や金地などの加飾が施され、美術品として成熟した。代表的な屏風絵に《洛中洛外図《らくちゅうらくがいず》》（P.34）や《風神雷神図《ふうじんらいじんず》》（P.36）などがある。

障壁画《しょうへきが》……紙や絹に描いた襖絵《ふすまえ》や障子絵《しょうじえ》、床の間・違い棚の上の壁などに貼りつけた壁貼付絵《かべはりつけえ》などの総称。室町時代以降、書院造が貴族や有力者の住宅建築として発達するにつれて、障壁画が室内装飾の主流となった。国宝では《二条城二の丸御殿》（P.１２１）の障壁画や京都・智積院《ちしゃくいん》の《智積院障壁画《ちしゃくいんしょうへきが》》などがある。

絵巻《えまき》……紙（まれに絹）を横長につなぎ、端に軸を付け巻き納めるようにしたもの。絵画とその絵画を解説する詞書《ことばがき》が交互に描かれることが多い。また、貴族が制作に関わったものでは、上質な紙を用い、金箔《きんぱく》や水晶《すいしょう》などで飾られることもある。絵巻物では《源氏物語絵巻《げんじものがたりえまき》》や《鳥獣人物戯画《ちょうじゅうじんぶつぎが》》、《地獄草紙《じごくぞうし》》（P.１１４）などが代表的。

今すぐ行きたい！
エリア別 博物館・美術館・寺社ガイド

【宮城】仙台市博物館

仙台伊達家から寄贈された文化財の保管・展示・研究のため開館。国宝《慶長遣欧使節関係資料》をはじめ、仙台藩に関わる歴史・文化・美術工芸資料など約９万点を収蔵。常設展示は随時約1000点が展示される。

国宝《慶長遣欧使節関係資料》

【アクセス】 仙台駅西口から710～720系統のバスで約10分、「博物館・国際センター前下車」徒歩３分
【開館時間】 9:00～16:45（受付は16:15まで）
【休館日】 月曜日（祝日・振替休日の場合は開館）、祝日・振替休日の翌日（土・日祝は開館）

【山形】米沢市上杉博物館

国宝《洛中洛外図屏風》《上杉家文書》をはじめ、数千にも及ぶ上杉家ゆかりの品々を収蔵・展示。常設展示室では、洛中洛外図をCG再現した鑑賞コーナーなどもあり、米沢の歴史を楽しみながら知ることができる。

国宝《洛中洛外図》、《上杉家文書》

【アクセス】 JR米沢駅から市民バス・米沢市街地循環で12分、「上杉神社前」下車すぐ
【開館時間】 9:00～17:00（受付は16:30まで）
【休館日】 第４水曜（４月～11月）、月曜（12月～３月）、年末年始は休館あり

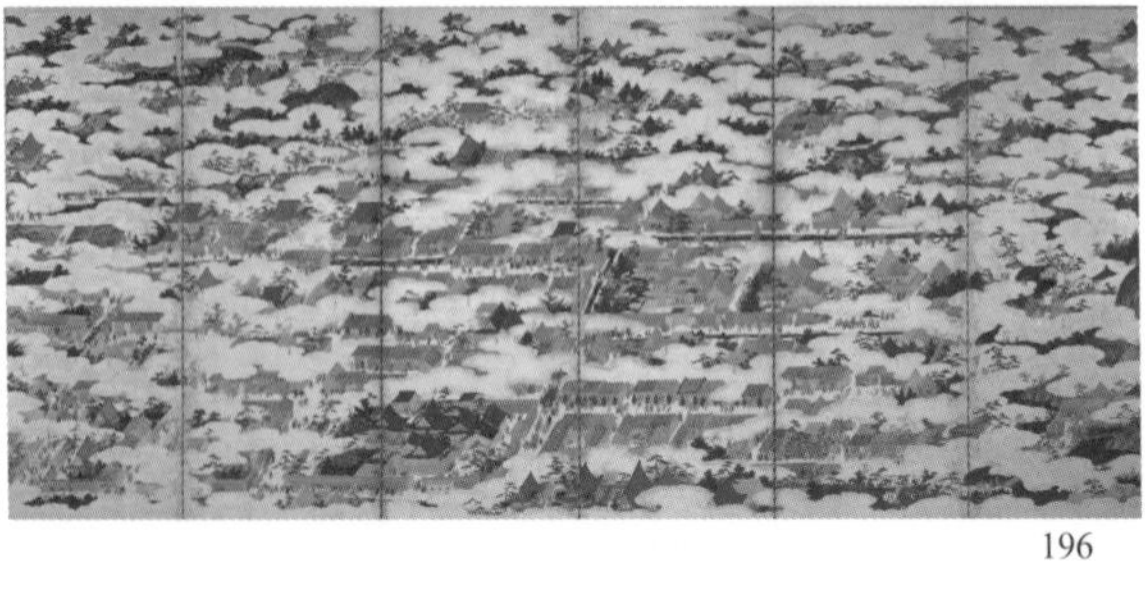

【東京】東京国立博物館

1872年に開館した、国内最古にして最大規模の博物館。国宝87件を含む美術・考古資料11万件以上を所蔵し、さらにこれとは別に53件の寄託品の国宝が収蔵されている（2014年12月現在）。

国宝 《紅白芙蓉図》、《花下遊楽図》、《片輪車蒔絵螺鈿手箱》など

【アクセス】 JR上野駅公園口、鶯谷駅南口から徒歩10分
【開館時間】 9:30～17:00（入館は16:30まで）
【休館日】 月曜日（祝日の場合は翌日）、年末年始、臨時休館あり

【東京】静嘉堂文庫美術館

三菱財閥の創業者・岩崎弥太郎の弟・弥之助とその息子・小弥太が収集した日本と東洋の古美術品を収蔵する。国宝7件を含むコレクションは、20万冊の古典籍と6,500点の東洋古美術品からなる。

国宝 《曜変天目茶碗》、《紙本金地著色源氏物語関屋澪標図》など

【アクセス】 東急田園都市線・大井町線二子玉川駅から東急コーチバス「玉31・32系統」に乗車し「静嘉堂文庫」で下車、徒歩5分
【開館時間】 10:00～16:30（入館は16:00まで）
【休館日】 月曜日（祝日の場合は翌日）、展覧会期間以外は休館

【東京】根津美術館

東武鉄道の社長などを務めた実業家・根津嘉一郎が収集した日本・東洋の美術品を保存・展示する。コレクションは光琳の《燕子花図》などの国宝7件を含む、7,400件以上の古美術品を収蔵。

国宝 《燕子花図》、《那智滝図》、《漁村夕照図》など

【アクセス】 東京メトロ銀座線・半蔵門線・千代田線表参道駅で下車、徒歩約10分
【開館時間】 10:00～17:00（入館は16:30まで）
【休館日】 月曜日（祝日の場合は翌日）、展示替期間、年末年始

【東京】三井記念美術館

旧財閥三井家に伝来した美術品を展示するための私立美術館。コレクションは《志野茶碗〈銘 卯花墻〉》などの茶道具を中心としている。美術館の入る三井本館も国の重要文化財として指定されている貴重な建物だ。

国宝 《志野茶碗〈銘卯花墻〉》、《雪松図》など

【アクセス】 東京メトロ銀座線・半蔵門線三越前駅、東京メトロ銀座線・東西線日本橋駅、都営浅草線、JR 新日本橋駅で下車、徒歩数分
【開館時間】 10:00 ~ 17:00(入館は 16:30 まで)
【休館日】 月曜(祝日の場合は翌日)、臨時休館あり

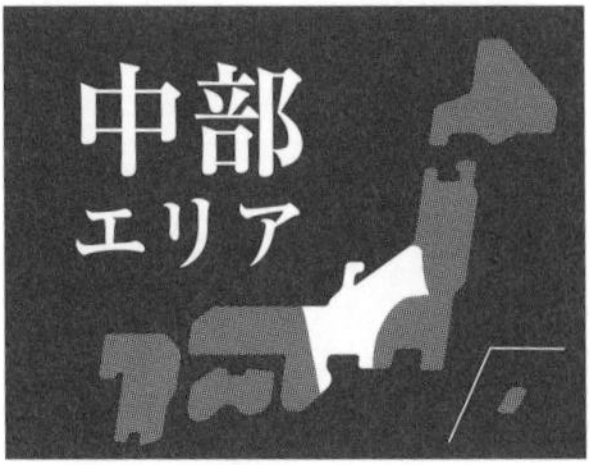

【愛知】徳川美術館

徳川家康の遺品を中心に、大名道具1万件余りを収める美術館。《婚礼調度類》や《源氏物語絵巻》などの国宝9件のほか、刀剣・武具・茶道具など質・量ともに国内有数の名品を収蔵する。

国宝 《婚礼調度類(徳川光友夫人千代姫所用)》、《源氏物語絵巻》など

【アクセス】 JR 名古屋駅からバスで約 20 分、「徳川園新出来」下車、徒歩3分。大曽根駅から徒歩約 10 分
【開館時間】 10:00 ~ 17:00(入館は 16:30 まで)
【休館日】 月曜日(祝日の場合は翌日)、年末年始

【石川】石川県立美術館

石川県にゆかりのある作品を中心に収蔵する、特別名勝兼六園に隣接した美術館。野々村仁清の国宝《色絵雉香炉》や九谷焼の名品をはじめとし、加賀藩ゆかりの古美術品から、近現代の美術品まで広くコレクションする。

国宝 《色絵雉香炉》、《剣・銘吉光》

【アクセス】 JR 金沢駅からバスで約 15 分、「広坂」または「出羽町」で下車、徒歩5分
【開館時間】 9:30 ~ 18:00(入館は 17:30 まで)
【休館日】 展示替え期間、年末年始

【京都】三十三間堂

120メートルにもなる国宝《蓮華王院本堂》内には、《千手観音坐像》を中心とした国宝仏像が3件、31体も安置されている。これら国宝を含む、ズラリと並ぶ1001体もの千手観音像の姿が壮観のひと言だ。

国宝 《蓮華王院本堂〈三十三間堂〉》、《二十八部衆像》など

【アクセス】JR京都駅から市バス100・206・208系統で10分、「博物館三十三間堂前」下車すぐ、京阪七条駅より徒歩7分
【拝観時間】8:00～17:00（4月～11/15)、9:00～16:00（11/16～3月） ※受付は終了30分前まで
【拝観不可日】なし

【京都】東寺（教王護国寺）

東寺真言宗の総本山。境内には《東寺五重塔》などの建造物、《五大明王像》といった彫刻や絵画など国宝総数25件をはじめ、密教美術の宝庫として多数の文化財を所蔵している。

国宝 《東寺五重塔》、《東寺金堂》、《両界曼荼羅》、《五大明王像》など

【アクセス】JR京都駅八条口から徒歩約15分、近鉄東寺駅から徒歩約10分、市バス「東寺東門前」下車すぐ
【拝観時間】8:30～17:30（3/20～9/19)、8:30～16:30（9/20～3/19） ※受付は終了30分前まで
【拝観不可日】なし

近畿エリア

【滋賀】彦根城博物館

彦根城の表御殿を復元した博物館内に、徳川譜代大名・彦根藩主である井伊家に伝来した約6,000点の刀剣・武具・絵画や、能や茶の道具を収蔵する。国宝《風俗図〈彦根屏風〉》は毎年春に公開される。

国宝 《風俗図〈彦根屏風〉》、《彦根城》

【アクセス】彦根駅からご城下巡回バスで「彦根城」下車すぐ、彦根駅から徒歩約15分
【開館時間】8:30～17:00（入館は16:30まで）
【休館日】年末、展示替え時は一部展示室休室の場合もあり

【兵庫】浄土寺

鎌倉時代初期に重源によって創建された古刹。極めて希少な大仏様建築の国宝《浄土寺浄土堂》が有名で、さらに堂内には国宝《阿弥陀如来及び両脇侍立像》も安置されている。

国宝 《浄土寺浄土堂》、《阿弥陀如来及び両脇侍立像》

【アクセス】 神戸電鉄粟生線で小野駅からコミュニティバス「らんらんバス」で「浄土寺」下車
【拝観時間】 9:00～12:00、13:00～17:00（10～3月末は16:00まで）
【拝観不可日】 12/31～1/1は堂内拝観不可

【奈良】安倍文殊院

645年に創建された日本三大文殊のひとつである寺院。平安時代の陰陽師・安倍晴明公の出生寺としても知られる。快慶作の国宝・騎獅文殊菩薩像は、学問·智恵の仏として知られ、学業成就を祈願する参拝客も多い。

国宝 《騎獅文殊菩薩及び脇侍像》

【アクセス】 桜井駅から奈良交通バスで「安倍文殊院前」下車すぐ
【拝観時間】 9:00~17:00（祈祷受付は16:00まで）
【拝観不可日】 なし

【京都】平等院

平安期の栄華を今に伝える藤原氏ゆかりの寺院。《平等院鳳凰堂》や堂内の《阿弥陀如来坐像》といった国宝文化財を数多く所蔵。国宝《雲中供養菩薩像》などは隣接する平等院ミュージアム鳳翔館で見ることができる。

国宝 《平等院鳳凰堂》、《阿弥陀如来坐像》、《雲中供養菩薩像》など

【アクセス】 JR宇治駅、京阪電鉄宇治線京阪宇治駅から徒歩10分
【拝観時間】 庭園8:30～17:30（受付は17:15まで）、鳳凰堂内部9:10～16:10
【拝観不可日】 なし

【京都】京都国立博物館

京都を中心とした文化財の展示・保存・研究を進める国立博物館。所蔵する国宝約30件のほか、寄託された名品国宝の数々も展示される。2014年には平成知新館が開館した。

国宝 《山越阿弥陀図》、《餓鬼草紙》など

【アクセス】 JR京都駅から市バス100·206·208号系統に乗車し「博物館·三十三間堂前」下車、徒歩すぐ。JR東福寺駅、京阪電車七条駅から徒歩7分
【開館時間】 9:30～18:00（金曜のみ20:00まで）※入館は閉館の30分前まで
【休館日】 月曜日（祝日の場合は翌日）、年末年始

【奈良】東大寺

728年に聖武天皇の発願により創建された、華厳宗大本山の寺院。「奈良の大仏さま」＝国宝《盧舎那仏坐像》が鎮座する《東大寺大仏殿》をはじめ、《東大寺法華堂》、《東大寺南大門》など、国宝建造物を多数有する。

国宝 《盧舎那仏坐像》、《東大寺金堂（大仏殿）》、《南大門》 など

【アクセス】奈良駅から市内循環バスで「大仏殿春日大社前」下車、徒歩5分
【拝観時間】8:00～16:30（11～2月）、8:00～17:00（3月）、7:30～17:30（4～9月）、7:30～17:00（10月）
【拝観不可日】なし

【奈良】新薬師寺

747年に、聖武天皇の健康回復を願った光明皇后が建立した古刹。鎌倉時代に現在の境内に整えられた。国宝の《新薬師寺本堂》には、本尊《薬師如来坐像》とその周囲に《十二神将立像》（国宝）が安置される。

国宝 《十二神将立像》、《薬師如来坐像》、《新薬師寺本堂》

【アクセス】奈良駅から市内循環バスで13分、「破石町」下車、徒歩10分
【拝観時間】9:00～17:00
【拝観不可日】なし

【奈良】法隆寺

創建は607年の寺院。現存する世界最古の木造建築である金堂や五重塔のほか、境内には歴史的遺構が軒を連ね、国宝建造物は最多の18件。建造物以外にも、飛鳥・奈良時代の仏像や仏教工芸品など多くの文化財を有する。

国宝 《釈迦如来及び両脇侍像》、《観音菩薩立像》、《法隆寺夢殿》 など

【アクセス】JR法隆寺駅から徒歩20分、またはバスで「法隆寺門前」下車すぐ
【拝観時間】8:00～17:00（2/22～11/3）、8:00～16:30（11/4～2/21）
【拝観不可日】なし

【奈良】春日大社

768年に国家の守護と繁栄を祈願して創建された神社。鮮やかな朱塗りの社殿が立ち、藤の名所としても知られる。境内の宝物殿には、国宝12件を含む約3000点の文化財を収蔵し、年4回の展示が催される。

国宝 《赤絲威鎧（兜、大袖付）》、《春日大社本社本殿》 など

【アクセス】JR奈良駅から「春日大社本殿行」のバスで終点下車すぐ。
【拝観時間】6:00～18:00（4～9月）、6:30～17:00（10～3月）
【拝観不可日】なし

【奈良】奈良国立博物館

1895年に創立された、120年の歴史をもつ博物館。東京国立博物館に次ぐ博物館で、おもに仏教関連の文化財を中心に収蔵する。国宝《地獄草紙》などの館蔵品のほか、寄託された国宝も多く収蔵・展示している。

国宝 《地獄草紙》、《辟邪絵》、《薬師如来坐像》、《十一面観音像》など

【アクセス】 近鉄奈良駅から徒歩約15分。またはJR・近鉄奈良駅から市内循環バス外回りで「氷室神社・国立博物館」下車すぐ
【開館時間】 9:30～17:00（4月最終から9/18までの金曜、その他臨時日は19:00まで開館） ※入館は閉館の30分前まで
【休館日】 月曜日（祝日の場合は翌日、連休の場合は終了後の翌日）、1/1、その他臨時休館あり

【広島】厳島神社

平安時代、平清盛によって造営された壮麗な社殿群が美しい神社。国宝建築の《本社》、《摂社客神社》、《廻廊》をはじめ、11件の国宝美術品も所蔵しており、宝物館では《平家納経》の複製が公開されている。

国宝 《平家納経》、《厳島神社本社本殿》、《小桜韋黄返威鎧》など

【アクセス】 JR宮島口駅から徒歩6分の「宮島口桟橋」から船で約10分、「宮島桟橋」から徒歩12分
【拝観時間】 6:30～18:00（季節により異なる）
【拝観不可日】 なし

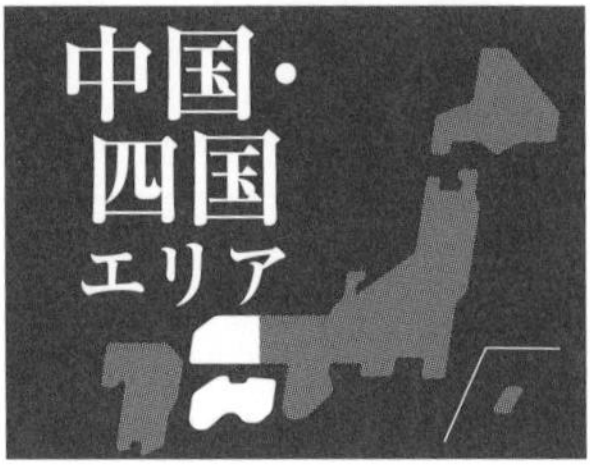

【島根】出雲大社

日本最古の歴史書『古事記』にも記されている古社。国宝《出雲大社本殿》は、2013年に大規模な改修（平成の大遷宮）を終えた。

国宝 《出雲大社本殿》、《秋野鹿蒔絵手箱》

【アクセス】 JR出雲市駅からバスで「出雲大社」下車、徒歩約1分
【拝観時間】 6:00～20:00
【拝観不可日】 なし（宝物殿は2016年9月末ころまで休館）

【福岡】福岡市博物館

福岡の歴史と民俗を学べる博物館。志賀島で発見された国宝《金印》をはじめ、市内で出土した遺物や、福岡藩主・黒田家の旧蔵品など、福岡とゆかりのある文化財を14万点以上収集・展示している。

国宝 《金印》、《刀〈名物へし切り〉》、《太刀·無銘一文字〈名物日光一文字〉》

【アクセス】 JR博多駅から西鉄バスで「博物館北口」「博物館南口」「福岡タワー南口」下車すぐ
【開館時間】 9:30～17:30（入館は17:00まで）
【休館日】 月曜日（祝日の場合は翌日）、年末年始

【沖縄】那覇市歴史博物館

琉球王国時代の国王・尚家美術工芸品・歴史資料の保存・公開を目的に開館。沖縄唯一の国宝《琉球国王尚家関係資料》など、海外との交流拠点だった琉球の文化を紹介する。

国宝 《琉球国王尚家関係資料》

【アクセス】 沖縄都市モノレール（ゆいレール）で「県庁駅前」駅から徒歩5分、パレットくもじ4F
【開館時間】 10:00～19:00
【休館日】 木曜、年末年始、臨時休館あり

九州・沖縄エリア

【福岡】九州国立博物館

「日本文化の形成をアジア史的観点から捉える」をコンセプトに開館した、国内4番目の国立博物館。国宝《周茂叔愛蓮図》などの貴重な文化財を多く所蔵。

国宝 《周茂叔愛蓮図》、《栄花物語》、《太刀・銘来国光》

【アクセス】 西鉄太宰府駅から徒歩約10分
【開館時間】 9:30～17:00（入館は16:30まで）
【休館日】 月曜日（祝日の場合は翌日）、年末

県別に見る・国宝分布一覧

データは 2015 年 11 月 1 日現在
（文化庁文化財指定等の件数に関する資料より作成）

	美術工芸品							建造物	計
	絵画	彫刻	工芸	書跡	古書	考古	歴史		
北海道						1			1
青森			2			1			3
岩手	1	1	4	1				1	8
宮城				2			1	3	6
秋田			1						1
山形	1		2		1	1		1	6
福島		1		1				1	3
茨城			2						2
栃木			4	5	1			7	17
群馬								1	1
埼玉			2	1				1	4
千葉			1	2			1		4
東京	63	2	93	85	16	15		2	276
神奈川	6	1	6	4				1	18
新潟						1			1
富山								1	1
石川			2						2
福井			3	1				2	6
山梨	2		1					2	5
長野			1			2		5	8
岐阜	1		2		1			3	7

	美術工芸品							建造物	計
	絵画	彫刻	工芸	書跡	古書	考古	歴史		
静　岡	1	1	7	2	1			1	13
愛　知	1		1	4				3	9
三　重				3		1			4
滋　賀	4	4	4	12	8	1		22	55
京　都	44	38	15	54	27	3		50	231
大　阪	9	4	22	15	2	3		5	60
兵　庫	2	1	2	3		1		11	20
奈　良	9	71	35	11	1	8		64	199
和歌山	9	5	4	9	1	1		7	36
鳥　取	1					1		1	3
島　根			2					3	5
岡　山	2		5					2	9
広　島	2		9	1				7	19
山　口	1		3	2				3	9
徳　島									0
香　川			1	3				2	6
愛　媛			8			1		3	12
高　知			1	1				1	3
福　岡			5	1	1	5			12
佐　賀				1					1
長　崎								3	3
熊　本								1	1
大　分		1	1					2	4
宮　崎									0
鹿児島			1						1
沖　縄							1		1

【画像提供（ページ順）】安倍文殊院、茅野市尖石縄文考古館、彦根城博物館、葛井寺、根津美術館、米沢市上杉博物館、建仁寺、京都国立博物館、九州国立博物館（藤森武氏撮影）、国立国会図書館、富岡市・富岡製糸場、十日町市博物館、東大寺、福岡市立博物館、歓喜院、熊谷市教育委員会、円覚寺（ジロー／PIXTA、モーリー／PIXTA）、獅子窟寺、大阪府交野市教育委員会、国名勝・史跡 国立公園三徳山 三仏寺、新薬師寺、埼玉県立さきたま史跡の博物館、岡寺、妙法院、中宮寺、奈良国立博物館、平等院、禅林寺、臼杵市教育委員会、浄土寺、小野市観光協会、斉年寺、日吉大社、滋賀観光情報フォトライブラリー、元離宮二条城事務所、神戸市立博物館（Kobe City Museum／DNPartcom）、千葉県香取市 伊能忠敬記念館、京都府立総合資料館 東寺百合文書WEB、法隆寺、大和路フォトライブラリー、東京芸術大学、岡山県立博物館、春日大社、管田天神社、甲州市教育委員会、誉田八幡宮、名鉄犬山ホテル如庵、三井記念美術館、身延山久遠寺、厳島神社、株式会社便利堂、静嘉堂文庫（静嘉堂文庫美術館イメージアーカイブ／DNP artcom）、仙台市博物館、石川県立美術館、宝厳寺、那覇市歴史博物館、常宮神社、敦賀市教育委員会、いつき たかし、文化庁、フォトライブラリー

本書は、本文庫のために書き下ろされたものです。

知《し》れば知《し》るほど面白《おもしろ》い
日本《にほん》の国宝《こくほう》

著　者　「国宝探究」倶楽部（こくほうたんきゅうくらぶ）

発行者　押鐘太陽

発行所　株式会社三笠書房

〒102-0072 東京都千代田区飯田橋3-3-1

https://www.mikasashobo.co.jp

印　刷　誠宏印刷

製　本　ナショナル製本

ISBN978-4-8379-6772-9 C0130

本書へのご意見やご感想、お問い合わせは、QRコード、
または下記URLより弊社公式ウェブサイトまでお寄せください。
https://www.mikasashobo.co.jp/c/inquiry/index.html

王様文庫

王様文庫

謎とロマンが交錯！

並木伸一郎の本

眠れないほどおもしろい「日本の仏さま」

色即是空、諸行無常、六道輪廻……仏の世界は、摩訶不思議！　人はなぜ秘仏に惹かれるのか？　どんな人も救う〝奇特な仏〟とは？　仏教が驚くほどわかるようになる本！

眠れないほどおもしろい「密教」の謎

弘法大師・空海の息吹が伝わる東寺・国宝「両界曼荼羅図」のカラー口絵つき！　なぜ「神通力」がついてしまうのか？　驚くべき「秘密の世界」がそこに！

眠れないほどおもしろい「聖書」の謎

『聖書』がわかれば、世界がわかる！　旧約・新約の物語から、〝裏聖書〟の全貌まで――これぞ〝人類史上最大のベストセラー〟！

眠れないほどおもしろい「古代史」の謎

天孫降臨、卑弥呼、箸墓古墳、古史古伝、仁徳天皇陵、神代文字……「神話」と「歴史」がリンクする瞬間とは――！　謎が謎を呼ぶ「古代史のロマン」を楽しむ本！

眠れないほど面白い死後の世界

人は死んだら、どうなるのか？　〝あの世〟とは一体、どのようなところなのか？　「魂」と「転生」の秘密――驚愕の体験談、衝撃のエピソードが満載！

眠れないほど面白い「秘密結社」の謎

世界中の富・権力・情報を牛耳る「秘密結社」のすべてがわかる！　政治、経済、金融、軍事――今日も世界で彼らが〝暗躍〟している!?

K60016